中国学生素质拓展自助阅读

彩图版

我想说声谢谢

张培培/主编

天津出版传媒集团
天津科学技术出版社

图书在版编目(CIP)数据

我想说声谢谢 / 张培培主编. —天津：天津科学技术出版社，2012.3（2019.6重印）

（中国学生素质拓展自助阅读）

ISBN 978-7-5308-6842-3

Ⅰ.①我… Ⅱ①张… Ⅲ.①阅读课-中小学-课外读物 Ⅳ.①G634. 333

中国版本图书馆CIP数据核字（2012）第042136号

我想说声谢谢

WOXIANG SHUOSHENG XIEXIE

责任编辑：郑 新

出 版：天津出版传媒集团 / 天津科学技术出版社

地 址：天津市西康路35号

邮 编：300051

电 话：（022）23332674

网 址：www.tjkjcbs.com.cn

发 行：新华书店经销

印 刷：三河市燕春印务有限公司

开本 700×1000mm 1/16　　印张 9　　字数 150 000

2019 年 6 月第 1 版第 3 次印刷

定价:29. 80 元

前 言

读者们，作为一名学生，你的主要任务自然就是学习。要知道，学生阶段是一个人思维最活跃，对外界最好奇，求知欲也最强的阶段，也是每个人素质培养的奠基阶段。

可是，在学习的过程中，你也会遇到很多的烦恼。学校就像是一个小型的社会，你不光要与老师、同学相处，更要与自己那颗青春好动的心灵相处。

当遇到烦恼时，你会向谁倾诉呢？你又从何处获得帮助呢？强烈的自尊心也许让你不好意思把自己的秘密和朋友倾诉；告诉父母，又害怕他们说自己不专心学习；如果能有一个知心的朋友，倾听你的诉说，并守口如瓶地守护自己的秘密那就好了。

《中国学生素质拓展自助阅读》丛书就是这样的一个好朋友。它是我们专门送给你的礼物，帮你解决学生阶段大家最容易遇到的烦恼和困惑。它把素质拓展的理念融入丰富多彩的故事中，让你在轻松愉悦的阅读过程中得到成长。

丛书共分为八册，从思考创新、勇敢坚强、自信积极、欣赏他

人、宽容大度、勤学自律、诚实守信、感恩珍惜八个方面入手，所选内容专门针对大家在学习和生活中经常遇到的烦恼困惑，注重培养学生最应养成的良好习惯，为真正实现全方位拓展素质、提高能力打下基础。

丛书在选文上时刻关注学生群体的阅读习惯。书中有大量生动有趣的故事，情节丰富曲折，引人入胜。在道理的阐发上也紧密结合故事内容，自然、贴切，适合学生的阅读习惯。书中还特别设置了“轻轻告诉你”板块，启迪你去独立思考，真正达到自助阅读的目的。

本套丛书将成为你最忠实的伙伴，它不会泄露你的任何秘密；它鼓励你独立思考，养成良好的思维习惯；它帮助你控制自己的情绪，让你成为班级里的人气王；它鼓励你勇敢自信，让你知道做自己才是最美丽的；它提醒你学会感恩，对身边爱自己的人说声“谢谢”……

最重要的是，它让你坚信：求人不如求己，只有在自己心中埋下上进、积极的种子，你的素质才能真正得到拓展与提高。

目录

心怀感恩，才能看见世界的美。

你真的一无所有吗

感恩节期间，有位先生垂头丧气、毫无生气地来到教堂。

他坐在牧师面前，对牧师诉苦说：“都说感恩节要对上帝献上自己的感谢之心，如今我一无所有，失业已经大半年了，工作找了十多次，也没人用我。我没什么可感谢的！”

牧师问他：“你真的一无所有吗？上帝是仁慈的，神依然爱你，你没觉得吗？好，这样吧，我给你一张纸，一支笔，你把我问

你答的记录下来，好吗？”

牧师问他：“你有太太吗？”

他回答：“我有太太，她不因我的困苦而离开我，她还爱着我。相比之下，我的愧疚也更深了。”

牧师问他：“你有孩子吗？”

他回答：“我有孩子，有5个可爱的孩子，虽然我不能让他们吃最好的，受最好的教育，但孩子们个个都很争气。”

牧师问他：“你胃口好吗？”

他回答：“呵，我的胃口好极了，由于没什么钱，我不能最大限度地满足我的胃口，常常只吃七成饱。”

牧师问他：“你睡眠好吗？”

他回答：“睡眠？呵呵，我的睡眠棒极了，一碰到枕头就睡熟了。”

牧师问他：“你有朋友吗？”

他回答：“我有朋友，因为我失业了，他们不时地给予我帮助，而我却无法回报他们。”

牧师问他：“你的视力如何？”

他回答：“我的视力好极了，我能够清晰地看见很远处的物体。”

于是他的纸上就记录下这么6条：①我有个好太太。②我有5个好孩子。③我有好胃口。④我有好睡眠。⑤我有好朋友。⑥我有好视力。

牧师让他读了一遍以上的6条，说："祝贺你！感谢我们的上帝，他是何等地保佑你，赐福给你！你回去吧，记住要感恩！"

他回到家，默想刚才的对话，照照那久违的镜子："呀，我是多么的凌乱，又是多么的消沉！我的头发硬得像板刷，衣服也有些脏……"

后来，他带着一颗感恩的心，精神也振奋了不少，最终找到了一份很好的工作。

爱地巴的秘密

在古老的西藏，有一个叫爱地巴的人，每次和人起争执生气的时候，就会以很快的速度跑回家去，绕着自己的房子和土地跑3圈，然后坐在田地边喘气。

爱地巴工作非常勤奋努力，他的房子越来越大，土地也越来越广。但不管房子和地有多大，只要与人争论生气，他还是会围着房子和土地绕3圈。

爱地巴为什么每次生气都围着房子和土地绕3圈呢？所有认识他的人，对此都疑惑不解，但是不管怎么问，爱地巴都不愿意说明。

后来，爱地巴渐渐地老了，他的房子和土地也已经非常广大了。一天，他又因与人争论而生气，回家后就拄着拐杖艰难地绕着土地和房子走，好不容易才走完3圈，但这时太阳已经下山了。

爱地巴独自坐在田边喘气，他的孙子在身边恳求他："爷爷，您年纪已经大了，这附近也没有谁的土地比您的更大，您不能再像从前，一生气就绕着土地跑了。您可不可以告诉我，为什么您一生气就要绕着土地跑上3圈？"

爱地巴经不起孙子的恳求，终于说出了埋藏在心中多年的秘密，他说："年轻时，我一和人吵架、争论、生气，就绕着房子和地跑3圈。我边跑边想：自己的房子这么小，土地这么少，哪有时间和资格去跟人家生气。一想到这里，我的气就消了，于是我就把所有的时间用来努力工作。"

孙子问道："爷爷，您现在年纪大了，又变成最富有的人，

为什么还要绕着房子和地走呢？”

爱地巴笑着说：“我现在还是会生气，生气时绕着房子和地走3圈，边走边想：我的房子这么大，土地这么多，我又何必跟人计较？一想到这些，我的气就消了。”

换一种角度去看待人生的失意与不幸，对生活常怀一份感恩的心情，就能使自己永葆健康的心态、完美的人格和进取的信念。

感恩生活，生活将赐予你灿烂的阳光，一味地怨天尤人，最终可能一无所有！我们要学会快乐地生活，学会感恩生活。

农夫家里的动物们

从前有一位农夫，他养了一头猪、一只猫和一条狗。

猫儿总是羡慕那头猪：唉，看看人家猪多美，想吃就吃，想睡就睡，没事拱着地、栏杆玩，啥也不用干。再看看我，白天看见主人要温柔地叫唤，再撒撒娇。有时还得跟主人玩玩毛线球，晚上还要到粮仓里捉老鼠，如果白天睡得多了就有可能被看成懒猫。其实，他们哪里知道，我们猫科动物就是白天睡觉晚上工作的呀。我可是经常睡眠不足，已经严重影响到我的身心健康啦。

狗儿却嫉妒猫：我每天不分白天黑夜替主人看家护院，忠心耿耿。主人不但不给嘉奖，有时连饭都不给吃饱，一天还给不到一根骨头。再看那只猫，每天就是“喵喵”几声，然后钻进主人的怀里，吃的食儿让我眼馋。可主人就是喜欢它，我的心里真是不平衡！

猪的梦想是：有朝一日能变成那只狗，想跑就跑，想叫就叫，想追鸡就追鸡想撵猫就撵猫。想起那天主人不在家，狗儿把那

只猫撵到树上不敢下来，真叫我羡慕呀！叫起来“汪汪汪”，多雄浑、多有气魄呀。再看看我，多可怜呀！每天吃糠咽菜，喝的全是残汤剩羹，活动范围就是这个小圈子。记得那天我好不容易跳出栅栏，就又被狗连吠带咬地给押到猪圈里了。唉，下辈子我一定要做一条狗！

上帝了解了它们的愿望，于是就把猫变成了猪，把猪变成了狗，把狗变成了猫。

猪成为狗的第一天就后悔了。因为那天它吃了太多连做梦都吃不到的美食，吃得过饱，吃完就倒头睡了。

但它还没有睡踏实就突然挨了一棍子：“你这个懒家伙，吃饱了就睡，你以为你是头猪吗？我是叫你给我看家护院的，不是要你吃饱了睡觉的，再睡敲死你。”当时，那头已经变成狗的猪就吓哭了。

狗变成了猫，躺在软软的被子上好舒服呀。主人进了门，它也赶紧向主人跑去，可是从它内心里还是鄙视猫的谄媚模样的，所以当主人把它抱起来亲昵时，它还是忍不住自己的大嗓门叫了一声。主人被吓了一跳，一下子把它摔到地上，说：“你这死猫傻啦，这么大声想吓死我呀？”接下来又狠狠地踢了它一脚。

这只变成猫的狗此时身心都受到了伤害，“喵”了一声，就迅速逃到屋外墙根处舔舐自己的伤口去了。

变成猫的猪早晨吃第一顿饭的时候，就开始后悔了。因为它看见猪食就恶心得想绝食，抵抗了一会儿，心想还是吃一点吧，以后如果老是这样说不定会被饿死。于是它挑挑拣拣勉强吃了一点点。但它这样哪儿还有拱地、拱栏杆的力气呀，于是懒懒地躺下睡觉去了。

这时它听见主人说了一番话，吓得它心惊肉跳，战战兢兢，恨不得立刻变回原来的自己。主人说："唉，看来这头猪是生病了，吃饭开始挑肥拣瘦。本打算养到春节再杀好过年用，看来等不到了。明天我就找个杀猪的过来看看，不行明天就杀了。"

在这个世界上人们往往只看到别人幸福的一面、获得的一面，却很少能体会到别人辛苦的一面。

让我们学会做个幸福的人吧，用一颗感恩的心去体味生活，感受幸福。

小面包里的金币

在一个小镇上，饥荒让所有贫困的家庭都面临着危机，因为对于他们来说，最起码的温饱问题都难以解决。

小镇上最富有的人要数面包师卡尔了，他是个好心人。为了帮助人们度过饥荒，他把小镇上最穷的20个孩子叫来，对他们说：“你们每一个人都可以从篮子里拿一块面包。以后你们每天都在这个时候来，我会一直为你们提供面包，直到你们平安地度过饥荒。”

那些饥饿的孩子争先恐后地去抢篮子里的面包，有的为了能得到一块大点的面包甚至大打出手。

他们心里只想着要得到面包，当他们得到的时候，就立刻狼吞虎咽地把面包吃完，甚至都没有想到要感谢这个好心的面包师。

面包师注意到一个叫格雷奇的小女孩儿，她穿着破旧不堪的衣服，每次都在别人抢完以后，她才到篮子里去拿最后的一小块面包。

每次拿到面包后，她总会记得亲吻面包师的手，感谢他为自己提供食物，然后再拿着面包回家。

面包师想："她一定是回家和自己的家人一起分享那一小块面包，多么懂事的孩子呀！"

有一天，那些孩子和往常一样抢夺较大的面包，可怜的格雷奇最后只得到了一块平时一半大小的面包，但她仍然很高兴。她亲吻了面包师的手后，依旧拿着面包回家了。

当她回家以后，妈妈切开面包，许多崭新、发亮的金币掉了

出来。妈妈惊呆了，对格雷奇说："这肯定是面包师不小心掉进来的，赶快把金币送回去吧。"

格雷奇拿着这些金币来到了面包师家里，对他说："先生，我想您一定是不小心把您的金币掉进了面包里，幸运的是它们并没有丢，而是在我的面包里。现在我把它们给您送回来了。"

面包师微笑着说："不，我的孩子，这没有错，是我把金币放进小面包里的。这是我给你的奖励，愿你永远保持现在这样一颗感恩的心。回家去吧，告诉你妈妈，这些钱是你的了。"

格雷奇激动地跑回了家，把面包师的话告诉了妈妈：这些金币是她的感恩之心得到的回报。

快乐墓地

在非洲一个叫撒拉的小镇上，有一位叫布基的老人，他的一生都过得很不愉快。究其原因，无非是他人生的许多目标都没有实现。

布基在临死前一段时间里，终于领悟到：人无论是在什么情况下，都不应该以牺牲自己的情绪为代价。

但布基的认识已经太晚了，因为这时他已经从医生那里得知了自己大概的死期。他不知道自己在临死前还能做些什么，但他希望世上所有的人都不要像他这样度过一生。

他想啊想，最后终于想好要为后人留下一些文字。他墓碑上的铭文是这样写的：

我是一个本应该快乐的人，虽然我的一生也遇到了许多麻烦，但我相信，这一切都并不严重。我却因为这些并不严重的原因，而一生不愉快。我是多么傻啊！我希望活着的人们不要像我，不要总是让自己处于烦恼和不快乐之中。自寻烦恼，大概是对人生

最大的自我冤枉。你何必要冤枉自己呢，不要这样。

布基没有想到，他墓碑上的这段话，给人们的印象有多么深刻，因为这是一个死者对活人的忠告。

后来许多人都向布基学习。他们在临死前，纷纷要求死后葬在布基的左右，与布基做伴，成为他的邻居。他们留下的遗言，也都如布基一样，告诉活着的人们，应该怎样更好地生活和热爱生命。

请看这些遗言：

一块墓碑上写道：笑口常开，知足常乐，使我活得很开心。学我吧，我没有什么，只有两亩沙地，一片不成材的树林；一生除了饼子和粥，我没吃过什么，但我每天都在说笑中度过。我总对自己说，就这么快乐地活着吧。这么活着真好，我这么快乐地活了一生。我不知道我缺什么，也许缺许多东西，也许什么也不缺。愿你们也像我一样快乐，不要老是感觉自己缺什么，只要快乐，你就什么也不缺。

另一块墓碑上写道：我的前半生还算是富有的，但为了更富有，我不但一天到晚地拼命，还总为一些不值得的事情发愁苦恼。后来我想开了，放弃了许多的“应该”。在我想开并懂得放弃后，生活就变成了一种轻松。其实人生在世，真的不在乎你干了些什么，也不在乎你是否成功。千万别为一种目的折磨自己，那样会把自己弄得很不快乐，甚至很不幸。你再想想，你活着到底要的是什么？

还有的墓碑上写着：行善吧，真诚地去帮助别人，这样你就会得到快乐和温暖，你会感到来自内心的一种亲切感。这样活着真好，这是一种美丽。你的人生一定会因此而变得美丽起来。

所有的墓碑上，都是这种往生者告别人世前最普通的话语，也是他们一生的体会。后来人们就把这里叫做“快乐墓地”。很多人甚至驱车几百里，到“快乐墓地”来转一转，换一换心情，聆听一下死者的教诲。

商人和樵夫的故事

在森林中的一条小路上，一个商人和一个樵夫经常相遇。商人拥有长长的驼队和一箱箱的绫罗绸缎，非常富有。樵夫每天都要

上山砍柴，斧头和绳子是他最亲密的伙伴。

然而，商人却并不快乐，整天愁眉苦脸；樵夫却很幸福，每天歌声不断，笑声朗朗。

一天，商人又与樵夫相遇，他们一同坐在一块大石头上休息。“唉！”商人叹道，“我真不明白，你穷得叮当响，怎么那么快乐呢？你是否有一个无价之宝，藏而不露呢？”

“哈哈！”樵夫笑道，“我也不明白，您拥有那么多财富，为什么还整天愁眉苦脸的呢？”

“唉！”商人说，“虽然我很富有，但我的一家人总是为了钱财吵得不可开交，我觉得自己无依无靠，非常孤独。他们整天想的就是如何比其他人拥有更多，却没有一个人想到为我付出哪怕一丁点儿真情实意。当然，我一回到家他们就会喜笑颜开，可是我始终弄不明白，他们是对着钱笑还是对着我笑。我虽家财万贯，但我却常常感到自己实际上是一个一无所有的穷光蛋。我能快乐吗？”

“哦，原来如此。”樵夫道，“我虽然一无所有，但我时时感觉到自己拥有永恒的幸福，因为全家人都是我的靠山，所以我经常乐不可支。”

“是吗，那么你家里一定有个贤惠的妻子了？”商人问。

“没有，我是个快乐的光棍汉。”樵夫答道。

“那么，你一定有个不久就可迎娶进门的未婚妻。”商人肯定地说。

“没有，我从来没有过什么未婚妻。”

“那么，你一定有一件使自己快乐的宝物。”

“假如你要称它为宝物的话，也可以，那是一位美丽的姑娘送给我的。”樵夫说。

“哦？”商人惊奇了，“是一件什么样永恒的宝物，令你如此幸福呢？一件金光闪闪的定情物？还是……”

“这个美丽的姑娘从来没有同我说过一句话，每次在村里与我相遇，她总是匆匆而过。三年前，她去了另一个地方生活。就在她临走上车的时候，她……”樵夫沉浸在幸福之中了。

“她怎么样？”商人急切地问。

“她向我投来了含情脉脉的一瞥！”樵夫继续道，“这一瞬间的目光，对于我来说，已经足够我幸福一生了。我已经把它珍藏在我的心中，它也成了我瞬间的永恒。”

商人看着幸福无比的樵夫，心中说道：“真正的富翁应该是他，我才是个名副其实的穷光蛋。”

感恩生活，做一个幸福快乐的人

生活中，人们常常抱怨自己不够幸福快乐，并努力想办法找到它们，但结果却常常事与愿违。那么，我们应该怎样做，才能成为一个幸福快乐的人呢？

幸福是一种感觉，一个人如果不怀着一颗感恩的心去体会身边的幸福，即使是家财万贯，也不会感到幸福。富裕的商人整天愁眉苦脸，而贫穷的樵夫却生活得非常快乐，原因就是这个道理。

快乐其实很简单，就在我们平凡的生活当中。因为人生没有过不去的坎，上帝在关上一扇门的同时，又会为你打开一扇窗。我们应学习《快乐墓地》里的前人们，不要用无止境的欲望来为难自己，而要用如饥似渴的心情体味生活里的点点滴滴，让快乐成为轻而易举的事情。

生活不可能永远一帆风顺，如果仅看到这些不顺，我们怎么会生活得幸福快乐呢？我们或许无法选择生活方式，但我们可以改变自己的生活态度。只有这样，我们才能处处寻找生活中的快乐，即使身处“苦境”，也依然笑容灿烂。

让我们从现在开始，怀着一颗感恩的心来品味所有，做一个幸福快乐的人。

找到属于自己的快乐

人人都在寻找着快乐，快乐是这样少。你去寻找它的时候，却总是与它擦肩而过。快乐在哪里呢？

一群年轻人到处寻找快乐，却遇到许多烦恼、忧愁和痛苦。他们向一位智者请教：快乐到底在哪里？

智者说：“你们还是先帮我造一条船吧！”

这群年轻人暂时把寻找快乐的事儿放在一边，找来造船的工具，用了七七四十九天，锯倒了一棵又高又大的树，挖空树心，造出了一条独木船。

独木船下水了，他们把智者请上船，一边合力荡桨，一边齐声唱起歌来。智者问：“孩子们，你们快乐吗？”

他们齐声回答：“快乐极了！”

智者道：“快乐就是这样，它往往在你为着一个明确的目的忙得无暇顾及其他的时候突然来访。”

看了这则故事，聪明的你也许会明白：快乐是心中的福音，不断地耕耘才能收获。它就在你我心中，不必在大千世界里苦苦地求索。

下面是一则快乐的钥匙的故事。

一位女士抱怨道："我活得很不快乐，因为先生常出差不在家。"

她把快乐的钥匙放在了先生手里。

一位妈妈说："我的孩子不听话，叫我很生气！"

她把快乐的钥匙交在了孩子手中。

一个小学生说："老师每天布置的功课这么多，真是把我烦死了。"

他把快乐的钥匙交给了老师。

一个男人说："上司不赏识我，所以我情绪低落。"

这把快乐的钥匙又被塞在了老板手里。

一位丈夫说：“我的媳妇很懒，我真命苦！”

他把钥匙忘在了媳妇的口袋里。

一个老年人说：“我的身体不好，连路都走不动了，我怎么这么倒霉。”

这是因为他把快乐交给了病魔。

一个年轻人说：“为什么别人能发大财，而我却这么贫穷？”

原因是他把快乐的钥匙还给了上帝。

这些人都做了相同的决定，就是把快乐的钥匙交给了别人来保管。

那么，怎样才能得到快乐呢？其实，快乐离我们非常近。它就在我们身边：快乐是聊天时的喜悦，快乐是相逢时的拥抱，快乐是沐浴后的舒展，快乐是熟睡中的梦乡……

第十个警察

一大早，交警洛克刚刚值完晚班，正准备开车回家睡觉。这时，忽然从垃圾箱后面跑出个小女孩，说：“我迷路了。您能帮我找到家吗？”

洛克让小女孩上车，然后一边慢慢开车，一边询问小女孩家的电话及父母的姓名。

“我家昨天才搬到这里，还没安电话。我爸爸叫凯特，妈妈叫凯莉，他们都很爱我。”女孩一边摆弄着手里的布娃娃一边说。

洛克只好带着她在街上转悠。突然，小女孩问道：“您爱您的爸爸妈妈吗？”听了孩子的话，洛克脸上有些不自然。

因为他父亲是个吝啬鬼，母亲整天就会唠叨个没完，所以他一直都不太想回那个家。

小女孩似乎看出了洛克的不快，眨着无邪的眼睛说：“为什么会不开心？我永远不会离开我的爸爸妈妈，他们也会爱我一辈子的。”

洛克已经转了好几圈儿了，可是小女孩还是没有认出自己的家。停下车，洛克买了两份早餐，边吃边跟小女孩讲自己的童年趣事。

之后，洛克重新发动了汽车：“孩子，跟你聊天我非常开心。可现在我不得不带你去警察局。”

当汽车拐过一个街角时，小女孩突然抬手一指：“就是这里，这就是我的家！”

洛克抬眼望去，不由得吃惊地张大了嘴——那儿竟是一所孤儿院！

小女孩下了车，笑了笑说：“您是送我回来的第十个警察，谢谢您。”

看到洛克有些不解，小女孩笑了，说：“没什么。我只是想听听别人的童年故事，就这样。”

说完，小女孩跑向了孤儿院大门。进门的一刹那，她转过身子，举起手中的布娃娃，笑着说：“不过，我并没有说谎。瞧，这个是爸爸凯特，这个是妈妈凯莉。他们永远都不会离开我。”

洛克想要说些什么，但话到嘴边又咽下了。

良久，洛克拿起电话：“喂，是我，洛克——不不不，这次我不是向您借钱的。爸爸，我只是想问候一下。您和妈妈最近还好吧？”

小男孩的苹果树

很久以前，有一棵苹果树和一个小男孩。这个小男孩很喜欢这棵苹果树，每天都会来到树旁玩耍。他爬到树顶，吃苹果，在树荫里打盹……

随着时光的流逝，小男孩长大了。他不再到树旁玩要了。

一天，男孩回到树旁，看起来很悲伤。

“来和我玩吧！”树说。

“我不再是小孩了，我不会再到树下玩要了。”男孩答到，“想要玩具，我需要钱来买。”

“很遗憾，我没有钱……但是你可以采摘我的所有苹果拿去卖。这样你就有钱了。”

男孩很兴奋。他摘掉树上所有的苹果，然后高兴地离开了。从那以后好长时间，男孩一直没有回来，树很伤心。

一天，男孩回来了，树非常兴奋。

“来和我玩吧。”树说。

“我没有时间玩。我得为我的家庭工作。我们需要一个房子来遮风挡雨，你能帮我吗？”

“很遗憾，我没有房子。但是，你可以砍下我的树枝来建房。”因此，男孩砍下所有的树枝，高高兴兴地离开了。

看到男孩高兴，树也很高兴。但是，自从那时起，男孩又是很久没再出现，树很孤独，伤心起来。

突然，在一个夏日，男孩回到树旁，树很高兴。

“来和我玩吧！”树说，“我很伤心，我开始老了……”

“我想去航海放松自己。你能给我一条船吗？”男孩说。

“用我的树干去造一条船，你就能航海了，你会高兴的。”树说。

于是，男孩砍倒树干造了一艘小船，航海去了。这之后，他又很长一段时间没有露面。

许多年后男孩终于回来了。

“很遗憾，我的孩子，我再也没有任何东西可以给你了。没有苹果给你……”树说。

“我没有牙齿啃了。”男孩答道。

“没有树干供你爬。”树说。

“现在我老了，爬不上去了。”男孩说。

“我真的想把一切都给你……我唯一剩下的东西，就是快要死去的树墩。”树含着眼泪说。

“现在，我不需要什么东西，只需要一个地方来休息。经过了这些年我太累了。”男孩答道。

“太好了！老树墩就是倚着休息的最好地方。过来，和我一起坐下休息吧。”男孩坐下了，树很高兴，含泪而笑……

这是一个发生在每一个人身上的故事，那棵树就是我们的父母。

我们小的时候，喜欢和爸爸妈妈玩……长大后，便离开他们，只有在我们需要父母亲，或是遇到了困难的时候，才会回去找他们。

尽管如此，父母却总是有求必应，为了我们的幸福，无私地奉献着自己的一切。

皇帝与少校

亚历山大大帝骑马旅行到俄国西部。一天，他来到一家乡镇小客栈。为进一步了解民情，他决定徒步旅行。当他穿着没有任何标志的平纹布衣走到一个三岔路口时，记不清回客栈的路了。

亚历山大无意中看见有个军人站在一家旅馆门口，于是他走上去问道："朋友，你能告诉我去客栈的路吗？"

那军人叼着一只大烟斗，头一扭，高傲地把这个身着平纹布衣的旅行者上下打量一番，傲慢地答道："朝右走！"

"谢谢！"大帝又问道，"请问离客栈还有多远！"

"一英里。"那军人生硬地说，并瞥了陌生人一眼。

大帝抽身道别，刚走出几步又停住了，回来微笑着说："请原谅，我可以再问你一个问题吗？如果你允许我问的话，请问你的军衔是什么？"

军人猛吸了一口烟说："猜嘛。"

大帝风趣地说："中尉？"

那位军人的嘴唇动了一下，意思是说不止中尉。

"上尉？"

军人摆出一副很了不起的样子说：

"还要高些。"

"那么，你是少校？"

"是的！"他高傲地回答。

于是，大帝敬佩地向他敬了礼。

少校转过身来摆出对下级说话的高贵神气："请问你是什么官？"

大帝乐呵呵地回答："你猜！"

"中尉？"

大帝摇了摇头。

"上尉？"

大帝笑着摇摇头。

少校走近仔细看了看说：“那么你也是少校？”

大帝静静地说：“继续猜！”

少校取下烟斗，那副高贵的神气一下子消失了。他用十分尊敬的语气低声说：“那么，你是部长或将军？”

“快猜着了。”大帝说。

“殿……殿下是陆军元帅吗？”少校结结巴巴地说。

大帝说：“我的少校，再猜一次吧！”

“皇帝陛下！”少校的烟斗从手中一下掉到了地上，猛地跪在大帝面前，忙不迭地喊道：“陛下，饶恕我！陛下，饶恕我！”

“饶你什么？朋友。”大帝笑着说，“你没伤害我，我向你问路，你告诉了我，我还应该谢谢你呢！”

请接天堂信息台

至今，保罗还清晰地记得家中楼梯平台上方，固定在墙上的老式电话以及家里的第一个号码——105。那时候，保罗个子太小，根本够不着电话。

后来，保罗发现那个可爱的话筒里住着一位神秘的女士，她的名字叫“请接信息台”。那位女士可是无所不知——母亲可以通过她知道别家的电话号码，还能得知正确的时间。

保罗与那个神奇的女士第一次交流，是在他6岁的时候。一天，母亲去邻居家串门，保罗拿出一把榔头开始模仿父亲钉钉子。一不小心，保罗的小手指被重重地砸到，立刻肿了起来。

保罗一边吸吮着手指，一边含着眼泪绕着屋子团团转。来到楼梯口时，保罗猛地看到了墙上的电话。他迅速跑到客厅，将一只脚凳拖到楼梯平台旁边，接着爬了上去。保罗抓起电话，像妈妈那样摇了几下手柄：“请接信息台。”

几秒钟后，一位女士轻柔的声音出现：“感谢您使用信息服

务，请问有什么可以帮您？”

“我的手指受伤了，好痛！”保罗大哭起来。

“别哭，孩子，你妈妈不在家吗？”电话那边问道。

“就我一个人在家，他们都出去了。”保罗抽泣着说。

“你用碎冰锥切下一小块冰，然后把冰块放在受伤的手指上，就可以止痛。不过，你用碎冰锥时一定要小心啊，别再伤着手了。”照着这个办法，保罗的疼痛果然减轻了许多。

从那以后，不管遇到什么麻烦事，保罗都会找“请接信息

台”女士帮着解决问题：保罗让她帮自己辅导地理，让她告诉自己做梦都想着去的奥里诺科河在哪里……

一次，家里养的金丝雀死了，保罗打电话告诉了“请接信息台”女士。年幼的他不能接受为什么能唱出美妙歌谣、曾给他带来那么多快乐的鸟儿，竟无声无息地躺在笼子里了。

“请接信息台”女士感受到了保罗的心情，轻声对他说：“在这个世界，它能唱出美妙的歌谣，在天堂，它也一定能演奏出动人的歌曲。”听到这话，保罗心里好受了许多。

一天，保罗又拨通了电话：“FIX这个单词怎么拼写？”保罗问。“是修理东西那个FIX吗？F–I–X。”

保罗9岁那年，全家搬到了波士顿，那个老式的电话和“请接信息台”服务早已定格为保罗脑海中最美好的回忆。

8年后，在去大学念书的路上，飞机在西雅图中途停留半小时，保罗情不自禁地试拨了一下老家小镇上的电话。“请问有什么可以帮您？”万万想不到的是，保罗居然再次听到了那个陪伴自己走过童年时代的声音。那一刻，保罗百感交集，不知道说什么好：“您能告诉保罗，FIX这个单词怎么拼写吗？”

电话那头好长时间的沉默，接着传来一阵激动的声音：“孩子，你现在指头上的伤口早就愈合了吧？”

保罗扑哧一下笑出声来：“竟然真的还是您！我不知道您是否知道，您当年对于我有多么重要……”

“我也想让你知道，”她回答说，“你对我有多么重要，我没有孩子，因此总是盼望着接到你的电话。”

保罗问她：“大学第一学期结束后的假期，我会再次路过西雅图，那时能否再与您通电话。”

“当然！请拨打电话，说找萨莉。希望有一天你能去奥里诺科河旅行，圆你的梦想，孩子，别误了你的航班，再见！”

3个月后，保罗再次回到西雅图机场，拨通电话后，传来的是一个陌生的声音：“信息台，请问有什么可以帮您？”“我想找萨莉女士。”保罗说，“我是她的老朋友。”“那么，遗憾地告诉您，萨莉小姐在5周前去世了，她最近几年只是在这里兼职，因为她身体一直不好，可我知道她其实一直在等一个叫保罗的男孩来电话。”

保罗觉得眼前一阵模糊，泪水一下涌了出来，半晌无语，正准备挂电话时，接线员叫住了保罗，“您刚才好像说，您的名字就叫保罗是吧，萨莉给您留了些话，她把那些话写了下来，说等您再打电话时告诉您。”

“是什么话？”保罗问道，可就在瞬间，他仿佛一下子猜到了她给自己的遗言。

“你听着：孩子，在这个世界，它能唱出美妙的歌谣，在天堂，它也一定能演奏出动人的歌曲。”

萨莉小姐说得没错，此时她温暖和善的话语又环绕在保罗的耳际，那是从天堂传来的美丽音符。

放弃天堂的导盲犬

一天，一个盲人带着他的导盲犬过街时，一辆大卡车失去控制，直冲过来，盲人当场被撞死，他的导盲犬为了守卫主人，也一起惨死在车轮底下。

主人和他的狗一起到了天堂门前。

一个天使拦住他俩，为难地说：“对不起，现在天堂只剩下一个名额，你们两个中必须有一个去地狱。”

主人一听，连忙问：“我的狗又不知道什么是天堂，什么是地狱，能不能让我来决定谁去天堂呢？”

天使鄙视地看了这个主人一眼，皱起了眉头，她想了想，说：“很抱歉，先生，每一个灵魂都是平等的，你们要通过比赛决定由谁上天堂。”

主人失望地问：“哦，什么比赛呢？”

天使说：“这个比赛很简单，就是赛跑，从这里跑到天堂的大门，谁先到达目的地，谁就可以上天堂。不过，你也别担心，因为你已经死了，所以你已经不再是瞎子，而且灵魂的速度跟肉体无关，越纯洁善良的人速度越快。”

主人想了想，同意了。

天使让主人和狗准备好，就宣布赛跑开始。她满心以为主人为了进天堂，会拼命往前奔，谁知道主人一点也不忙，慢吞吞地向前走着。

更令天使吃惊的是，那条导盲犬也没有奔跑，它配合着主人的步调在旁边慢慢跟着，一步都不肯离开主人。

天使恍然大悟：原来，多年来这条导盲犬已经养成了习惯，

永远跟着主人行动，在主人的前方守护着他。可恶的主人，正是利用了这一点，才胸有成竹，稳操胜券，他只要在天堂门口叫他的狗停下，就能轻轻松松赢得比赛。

天使看着这条忠心耿耿的狗，心里很难过，她大声对狗说：“你已经为主人献出了生命，现在，你这个主人不再是瞎子，你也不用领着他走路了，你快跑进天堂吧！”

可是，无论是主人还是他的狗，都像是没有听到天使的话一样，仍然慢吞吞地往前走，好像在街上散步似的。

果然，离终点还有几步的时候，主人发出一声口令，导盲犬听话地坐下了，天使再次用鄙视的眼神看着主人。

这时，主人笑了，他扭过头对天使说：“我终于把我的狗送到天堂了，我最担心的就是它根本不想上天堂，只想跟我在一

起……所以我才想帮它决定，请你照顾好它。”

天使愣住了。主人留恋地看着自己的狗，又说：“能够用比赛的方式决定真是太好了，只要我再让它往前走几步，它就可以上天堂了。不过它陪伴了我那么多年，这是我第一次可以用自己的眼睛看着它，所以我忍不住想要慢慢地走，多看它一会儿。如果可以的话，我真希望永远看着它走下去。不过天堂到了，那才是它该去的地方，请你照顾好它。”

说完这些话，主人向狗发出了前进的命令，就在导盲犬到达终点的一刹那，主人像一片羽毛似的落向了地狱的方向。

他的狗见了，急忙掉转头，向着主人狂奔。满心懊悔的天使张开翅膀追过去，想要抓住导盲犬。

不过那是世界上最纯洁、善良的灵魂，速度远比天堂里所有的天使都快，所以导盲犬又跟主人在一起了——即使是在地狱，导盲犬也愿意永远守护着它的主人。

因为她是我最好的朋友

这是发生在越南的一个孤儿院里的故事。

在飞机进行狂轰滥炸时，一颗炸弹被扔进了这个孤儿院，几个孩子和一位工作人员被炸死了，还有几个孩子受了伤。其中，有一个小女孩流了许多血，伤得很重！

幸运的是，不久后一个医疗小组来到了这里，但小组只有两个人，一个女医生，一个女护士。

女医生很快地对病人进行了急救，但在那个小女孩那里出了一点问题。因为小女孩流了很多血，需要输血，但是她们带来的不多的医疗用品中没有可供使用的血浆。于是，医生决定就地取材，她给在场的所有人验了血，终于发现有几个孩子的血型和这个小女孩的是一样的。可是，问题又出现了，因为那个医生和护士都只会说一点点的越南语和英语，而在场的孤儿院的工作人员和孩子们只听得懂越南语。

于是，女医生尽量用自己会的越南语加上一大堆的手势告诉

那几个孩子："你们的朋友伤得很重，她需要血，需要你们给她输血！"终于，孩子们点了点头，好像听懂了，但眼里却藏着一丝恐惧！

孩子们没有人吭声，没有人举手表示自己愿意献血。女医生没有料到会是这样的结局，一下子愣住了。为什么他们不肯献血来救自己的朋友呢？难道刚才说的话他们没有听懂吗？

忽然，一只小手慢慢地举了起来，但是刚刚举到一半却又放下了，好一会儿又举了起来，再也没有放下！

医生很高兴，马上把那个小男孩带到临时的手术室，让他躺在床上。小男孩僵直地躺在床上，看着针管慢慢地插入自己细小的胳膊，看着自己的血液一点点地被抽走！眼泪不知不觉地顺着脸颊流了下来。医生紧张地问是不是针管弄疼了他，他摇了摇头，但是眼泪还是没有停住。医生开始有一点慌了，因为她总觉得有什么地方肯定弄错了，但是到底在哪里呢？针管是不可能弄伤这个孩子的呀！

关键时刻，一个越南的护士赶到了这个孤儿院。女医生把情况告诉了越南护士。越南护士忙低下身子，和床上的孩子交谈了一下，不久后，孩子竟然破涕为笑。

原来，那些孩子都误解了女医生的话，以为她要抽光一个人的血去救那个小女孩。一想到不久以后就要死了，所以小男孩才哭了出来！医生终于明白为什么刚才没有人自愿出来献血了！但是她又有一件事不明白了："既然他以为献过血之后就要死了，为什么还自愿出来献血呢？"医生问越南护士。

于是越南护士用越南语问了一下小男孩，小男孩不假思索地回答了。回答很简单，只有几个字，但却感动了所有在场的人。

他说："因为她是我最好的朋友！"

有阳光的一天

谈起小维，想也不用想，大家自然会把她和小豆放在一起。谁叫她们是那种有了糖也要掰一半给对方的好朋友呢?

小维是一个十足的阳光女孩，大胆、活泼。小豆却是一个文静、忧郁的女孩。

有一次，她们两人手拉着手上街，小维建议走天桥。时值阳春三月，太阳将温暖的阳光很均匀地洒在天桥上，天桥一边是灿烂的阳光，一边都是大楼投下的阴影。

小维很自然地选择了灿烂的一边，“多快活啊，阳光是太阳最好的赐予！”她喜欢温暖的感觉，也喜欢阳光那漂亮的金黄，她在一片金光中忘情地狂奔。

而那时，小豆却走在天桥的另一边，总躲着那金色的锋芒。她只爱阴天，喜欢灰蒙蒙的感觉。

“快到这儿来，好温暖，好暖和的！”小维在天桥的那一边大喊，小豆却摇了摇头。

“哎呀，你来呀，好美的，还有太阳的香味呢！”

“太阳有香味吗？”

“有啊，不信你过来！”

但小豆还是摇了摇头，默默地在那没有阳光的一边走。

小维把两只手抬起，做成一个喇叭的样子，喊：“你讨厌太阳吗？”

“是，也不是。”

“太阳是最活泼的，它把它所拥有的阳光洒向大地，想洒哪儿就洒哪儿，但也给像你一样不喜欢阳光的人留下你们自己的一点空间！”

“那它自私吗？”

“当然不，它把阳光洒下，却不收取分文！”

话音刚落，小维才发现，自己已经跑到了桥的另一端，她又喊：“喂——你——快一点啦！”

“来啦！”小豆忽然跑到阳光下。

那天放学，小维与小豆肩并肩地坐在椅子上。小豆忽然说：“你心里想啥，我知道！”

小维也尖叫："我也知道你心里在想……"

小豆用手轻轻地捂住小维的调皮的快嘴。"不说，画出来！"

"OK！"两个人从桌子里拿出一张纸，一人一半，背对着背画了起来。

"画完了！"两人同时大叫。

"一，二，三，翻！"

两个太阳——一个潦草，一个清秀。

小豆问小维："你怎么也给我画个太阳？要知道，月亮才是我的性格！"

"不嘛，十五岁是灿烂的。阳光是灿烂的，由此可证：十五岁是属于太阳的！我不希望你有那阴暗的一面。我希望你每天开开心心，快快乐乐，不再有那忧郁、沉闷的一面。别人可以，但对于我的朋友，绝对不行！"

一席话，说得小豆泪流满面，她微微地抬起头，发现小维也是满眼泪水。两束目光对视，一缕阳光射入，两人忽然觉得眼前一亮。

两人把脸转向窗外，蓝天白云，清澈美丽，回想起过去的海阔天空，在她们的脑子里闪过席慕蓉的话：青春的美丽与可爱，就在于它的无邪与无瑕，在于它的可遇不可求，在于它的永不重回。

小维拉起小豆纤细的手，说：“愿我们的友谊能像阳光一样灿烂，愿你的心情像阳光一样放飞。”小豆用力点了点头。

当天晚上，小豆的日记里多了一行字：今天，我心中多了一缕阳光。那是我生命中的阳光，那是我生命中的友谊。呵！灿烂的阳光，灿烂的友谊！

朋友之间

很久很久以前，有两个很要好的朋友一起在沙漠中行走。

有一天，在途中不知什么原因，他们吵了起来。后来，他们越吵越凶，其中一个人打了另一个人一巴掌。

那个被打的人很伤心，于是就在沙面上写道：“今天我的朋

友打了我一巴掌。”

写完后，他们继续前行。

又过了很久，他们来到了一块沼泽地里，那个挨打的人不小心踩到沼泽里面。

另一个人不惜一切，拼命地去救他，最后那个挨打的人得救了。

他很高兴，也很感激他的朋友。于是他找来了一块石头，在上面刻上了一句话：“今天我的朋友救了我一命。”

那个曾经打他的人一头雾水，奇怪地问：“为什么我打了你一巴掌，你把它写在沙上，而我救了你一命，你却把它刻在石头上呢？”

那个人笑着回答道：“当别人对我有误会或者有什么对我不好的事，就应该把它记在最容易遗忘，最容易消失不见的地方，由风负责把它抹掉。

而当朋友有恩于我，或者对我很好的话，我就应该把它记在最不容易消失的地方，任凭风吹雨打也忘不了……”

猜猜我有多爱你

这是两只兔子的故事。一个母亲，一个孩子。它们的毛是栗色的。

现在，小兔子该上床睡觉了，可是它紧紧地抓住兔妈妈的耳

朵不放，它要肯定兔妈妈在听它说话。

它说："猜猜我有多爱你？"

兔妈妈说："哦，我可猜不着。"

小兔子说："这么多。"说完它张开两只手臂，伸得尽可能地远。

可兔妈妈的手臂更长，它说："我爱你有这么多。"

"嗯，这真是很多。"小兔子想。

小兔子又说："我爱你到我的手能伸到的最高的地方。"

兔妈妈说："我爱你到我的手能伸到的最高的地方。"

小兔子想，这真是够高的，我希望我的手臂也有那么长。

接着，小兔子有了一个好主意。它打了个滚倒立起来，把脚伸到树干上，说："我爱你，直到我的脚趾尖。"

兔妈妈把小兔子甩过头顶：“我爱你一直到你的脚趾尖。”小兔子说：“我跳得多高就有多爱你。”它不停地跳上跳下。

兔妈妈笑了，说：“我跳得多高就有多爱你。”它跳得真高，它的耳朵都碰到了树枝。

小兔子想，这真是跳得太高了，我希望我也能跳得那么高。小兔子喊起来：“我爱你像这条小路伸到小河那么远。”

兔妈妈说：“我爱你远到跨过小河再翻过山丘。”

小兔子想，那真是很远。

这时，它看见了黑沉沉的夜空，没有什么能比天更远了。它说：“我爱你一直远到月亮那里。”说完它闭上了眼睛。

兔妈妈说：“哦，那真是很远，非常非常远。”它把小兔子放到用树叶堆起来的床上，然后低下头来亲吻小兔子，对它说晚安。

然后兔妈妈躺在小兔子的身边，带着微笑轻声地说：“我爱你，一直远到月亮那里，再从月亮回到这里来。”

感恩朋友，做一个珍惜友谊的人

友情不像亲情那样情意绵绵，也不像爱情那样轰轰烈烈，但它却是我们人生中不可缺少的一种感情。

友情中，我们付出了自己的爱心，也收获了理解与宽容。朋友就像我们伸出的触角一样，多几个触角，便多一些对生活的感悟与理解。

如果细心思考，我们可以从朋友的身上学到很多东西，尤其是那些我们自己不具备的东西。比如，当朋友在生活的各种重压下，顽强地挺起腰杆时，我们从朋友身上收获了生活的勇气与果敢；当朋友乐观地面对生活的困难与挫折时，我们从朋友身上收获了乐观与向上的品格……

当然，朋友的意义并不在于能给我们带来多少具体的帮助。当我们与朋友一起把眼泪藏在心底，绽开一个灿烂的微笑的时候，我们不是同样从朋友那里得到了一份对于生活的重新理解吗？

朋友有许多种，每一种都会给人带来感动。豪爽的朋友，让你感动于他的酣畅淋漓；善良的朋友，让你感动于他的人格力量；平淡的朋友，让你感动于他的于简单处求快乐。

导盲犬与主人用他们无畏的行为，诠释了什么才是真正的友情；“请接信息台”小姐用自己独特的方式让小保罗感受到了人与人之间的温情；《因为她是我最好的朋友》中的小男孩为了友情不惜牺牲自己的生命的行为，同样令我们感动。

让我们一起去体会色彩斑斓的友谊，并学会感恩身边的朋友吧。

飞走的天使

在妈妈离开的那个晚上，她和爸爸整整坐了一夜，也说了一夜的话，但米妮只听到最后一句："你走吧，由我来向女儿解释。"

这句话是爸爸说的，所以米妮知道要走的是妈妈。

妈妈离开后的很长一段时间里，米妮天天都在等待爸爸的解释，但他只字未提，似乎把这事忘了。

他只是一如既往地接送女儿，在家长手册上认真填写她的课余情况——又学会了多少新字，听了什么故事，写字、画画的进展……

这些在许多同学的家里，都是由妈妈来做的，但现在都由米妮的爸爸来承担。

一个月后的一天晚上，爸爸来到米妮的床边。他合上米妮的故事书，又掖了掖她的被角，轻声说：

"你听过很多关于天使的故事。天使飞到一个地方，发现那里有人冷了，有人饿了，有人需要帮助了，她就会留下来帮助这些人。

如果一切都很好的话，不需要工作的天使就会放心地飞走，继续去找等待自己帮助的人。

世界上的爸爸妈妈都是天使，是专门飞来照顾孩子、陪孩子一同长大的。

在咱们家里，爸爸一个人就能照顾好米妮，所以，妈妈才放心地把你留给我……”

一枚百合花胸针

小男孩是镇中心小学四年级的学生。这天中午放学后，他从一家商店经过的时候，橱窗里的一件商品使他怦然心动。他趴在玻璃窗上看到了价格——50元，心想太贵了，这几乎是他们全家人一个月的开销。

他站在那儿踌躇了一会儿，推开这家商店的门走了进去，指着那件商品对店主说："我想买那件商品，不过，我现在没有钱，

请您先帮我留着好吗？”

“好吧！”店主看着这个一脸诚恳的男孩，微笑地答应了他的请求。

小男孩很有礼貌地告别了店主，走出了商店。

他走着走着，拐进一条小巷，忽然看见有人从一个大门里扔出好几个纸箱子。他突然想起了什么，连忙走过去看仔细。原来这里是水果批发市场的后门，每天都有大量的水果被运到这里，再销

往各处。水果在被重新包装的时候，就会有很多废纸箱被扔掉。

小男孩捡了几个废纸箱，拿到废品收购站去卖了。回家的路上，他的手里紧紧攥着一个1毛钱的硬币，生怕掉了。

回到家，他把硬币放在一个小铁盒里，又把小铁盒藏在墙角米缸的后边。

母亲叫他吃饭，他答应了一声走进厨房。爸爸刚从工地上回来，妈妈已经摆好了饭菜。妈妈自从去年生病动了手术后，身体很虚弱，不能上班，每天在家里洗衣做饭，还要描鞋样挣钱，十分辛苦。

每天放学后，他总是一路跑着回家，写完作业，干完妈妈交代的家务活儿，然后就走街串巷去捡纸箱或可乐瓶儿。

冬天来了，天气十分寒冷，喝饮料的人也少了，有时候他找了好久也没有捡到多少。可是他依然坚持下去，因为一想到橱窗里的那件商品，心里就有战胜困难的勇气和力量。

第二年的4月15日，一大早，小男孩就把藏在米缸后边的小铁盒取出来，把里边的硬币都倒出来，用发抖的手仔细数了一遍，仍然不放心，又仔细数了一遍。他差点惊呼出来，只差1角2分就凑够50元了！于是，他心里默默祝愿着今天能捡到足够的纸箱和可乐瓶儿。

夕阳下去的时候，他正扛着纸箱子急匆匆地往废品收购站赶。此时，收购站的那位伯伯已经准备关门了。

他着急地叫道："伯伯，请您先别关门！"

那人转身看见呼哧呼哧喘气的小男孩，说："明天再来吧，孩子！"

"不行啦！伯伯，请您帮帮我，我今天一定要卖出去！"

听着这个已经是老顾客的小男孩的焦急请求，那位伯伯不忍心关门，拉开关了一半的门。

"孩子，你干吗这么急着用钱？"伯伯好奇地问。

"对不起，这是我的秘密，现在还不能告诉您。"他笑了笑，不肯说。

拿到两个1毛钱的硬币后，小男孩便飞也似的跑回家，取出小铁盒，然后又匆匆地跑到那家商店，还好，商店还没有关门。他二话没说，便把所有的硬币、毛票倒在柜台上……

小男孩又一口气跑回家，看见妈妈正在厨房里忙碌。他迫不及待地走到妈妈面前，将自己用半年多来的心血换来的珍宝放在妈妈的手里，说：“妈妈，生日快乐！”

妈妈很惊讶，她轻轻打开包装纸，里面包着一个红色绒布的首饰盒，盒内放着一枚百合花胸针。

妈妈很感动，但是一想，孩子哪有钱买这么贵重的礼物。于是就问孩子这些钱是哪里来的，小男孩只好把事情的原委跟妈妈说了一遍。说完之后，他腼腆地低下了头。

妈妈听完之后热泪盈眶，这枚胸针是她收到的为数不多的礼物中最珍贵的一个，她一把将儿子紧紧搂在怀里……

最好的圣诞礼物

“爸爸，”有一次他这样问，那时他还很小，“什么是马厩？”

“那就是一个牲口棚，”父亲回答，“跟我们的牛栏差不多。”

听说，耶稣就诞生在一个马厩里，牧羊人和头领还把圣诞礼物送到马厩里呢！

一个主意在他眼前闪过：我为什么不能给父亲一件特别的礼物呢？就在外面的牛栏里呀！

望着天边的星星，他失声笑了：就这么干，不过可不能睡得太死了。

他一定醒来过20次！每次都划着一根火柴，看一眼那只旧表。三点还差一刻，他起身了，悄声下楼。为了不让那楼板发出嘎吱嘎吱的响声，他格外小心。

出了家门，一颗明亮的星星低悬在屋顶上空，放射出金黄又略带微红的光泽。他走进牛栏，奶牛看着他，既困倦又惊奇，对于它们来说，挤奶的时间似乎太早了点儿。

它们平静地等候着他。他为每头牛加了点儿草，又取来了奶桶和大奶罐。

他从来也没独自挤过奶，但是这活儿看来也并不难。他嘴角挂着微笑，不停地干着。牛奶像两条白柱倾入奶桶，泛着白色的泡沫，溢出诱人的奶香。牛很听话，似乎也知道要过圣诞节哩。

事情比设想的顺利。挤一次奶也并非难事，这就是他奉献给父亲的圣诞节礼物呀。终于干完了，大奶罐都盛得满满的。他加上盖，轻轻关上牛栏的门，还检查了门闩。他在门边放了一只凳子，挂上了空奶桶，走出牛栏，关了门。

回到自己屋里，只一分钟的工夫，他就脱掉了衣服，迅速爬上了床，他听见了父亲的起床声，马上用被子蒙上了脑袋，盖住那急促的喘气声。这时，门被打开了。

“罗伯！”父亲叫他，“得起床了，圣诞节也一样。”

“噢——”他梦呓般地应道。

“我先去，”父亲说，“做点准备工作。”

门关上了。他静静地躺着，笑出声来。只消几分钟，父亲就会明白，一切都由他独自干完了。他的心高兴得快要跳出来了。

几分钟的工夫，似乎没了尽头——10分钟，15分钟，不知道过了多少分钟——他终于听到了父亲的脚步声。门，又被打开了。

“罗伯！”

“嗯，爸爸——”

“我可以发誓……”父亲笑了，是一种奇怪的哧哧的笑声，“你要弄了我，是吗？”父亲站在床边，正在摸他，又把被子掀开了。

“今天是圣诞节，爸爸！”

他也摸到了父亲，并紧紧地抱住了他。他感到父亲的双手也搂住了他。黑暗中，他们彼此看不清对方的脸。

“我的好儿子，我感谢你。没有什么人干过比这更好的事情了——”

“爸爸，我要你知道——我真想学好样的！”他自己也不知道怎么说出了这句话，他实在不知道说什么好。他那颗挚爱父亲的心一个劲地跳动着。

“好吧！我还可以回去躺一会儿呢！”父亲停了一下，又说，“不，你听弟弟妹妹们都醒来了，你想想，我还从来没有见过你们小孩子第一次看到圣诞树时的高兴劲呢！我老是待在牛舍里。快起来吧！”

他又穿上了衣服。父子俩下楼去看圣诞树。没多久，太阳爬到了刚才那颗星星的位置上。啊！多么美好的圣诞节！当父亲把刚

才发生的一切告诉母亲的时候，他又羞涩又自豪，那颗心又激烈地跳动起来。

“这是我所得到的最好的圣诞礼物，我得记住它，我的儿子，每一年圣诞节的早晨我都会记起它，只要我还活在人世。”

母亲的戒指

我小的时候家里穷，所以在小朋友们的面前没有可以炫耀的东西，更多的时候我只是远远地观望。

有一次我去一个小朋友家玩儿，他妈妈正在摆弄一个金戒指。于是他问我："没见过戒指吧？"

我忽然想起母亲也曾戴过这东西，于是说："怎么没见过？我妈有好几个呢！有黄的有白的，平时都不戴！"

他不信，我便把他领回家，证明给他看。

我问母亲：“妈，把你的那些戒指拿出来给他看看！”

母亲一愣，说：“我哪有什么戒指啊？”

我说：“就是你做针线活时戴在手上的那个！”

母亲笑了，从针线盒里拿出了她的那几个“戒指”，小朋友一看“哈哈”大笑起来，说：“这不是顶针吗？”

我不禁大为失望，对母亲说：“真穷，连戒指都没有！”母亲只是微笑地看着我。

在那以后的许多岁月中，母亲依然戴着她的顶针给我们做衣服、纳鞋底。我也渐渐地感到了母亲的艰辛，于是很为自己说她的话而愧疚。而母亲仿佛早已忘了那件事，一如既往地给我们不变的爱和关怀。

参加工作后，我一直想给母亲买个戒指，这已成为我心中多年的一个愿望。可是母亲不要，说她的手只适合戴顶针，那才是她最喜欢的“戒指”啊！

我曾仔细地看过母亲保存的那些顶针，随着时光的流逝，有的顶针上面的小颗粒已经被磨平。

想着母亲在那么多的夜里缝缝补补的情景，我的心总会被感动包围。母亲就是这样把她的爱一针一线地缝补进我们成长的岁月

里，缝补进我们日渐沧桑的心中。

现在母亲有时依然会做些针线活，每当那样的时刻，她手指上的那枚顶针便会刺痛我的双眼，让我的心涌起无尽的感激与感动！

爸爸的味道

每个人身上都有一种独特的气味，日子久了，那种气味就代表了这个人。

朋友说，他爸爸是一家海鲜酒家的厨师。小时候，每晚爸爸下班回来，他都嗅到爸爸身上有一股浓烈的腥味。他们住在一个狭小的房间里，爸爸身上的腥味令他很难受。

他和爸爸的关系很疏远，考上大学后，他立刻搬出去跟朋友

一起住。两父子每年只见几次面。

后来，他爸爸病危，躺在医院里。临终的时候，他站在爸爸的病榻旁边，老人家的身边挂满各种点滴，加上医院里浓烈的消毒药水味道，他再也嗅不到小时候常嗅到的爸爸身上的那股腥味——那股为了养活一家人而换来的腥味。

他把爸爸的手指放到自己的鼻子前面，可是，那记忆里的腥味已经永远消失。那一刻，他才知道，那股他曾经十分讨厌的腥味原来是那么芳香。

爸爸走了，他身上的腥味却永存在儿子的脑海中，变成愧疚。

朋友说，他不能原谅自己小时候曾经跟同学说："我讨厌爸爸的味道。"

他记得他有一位同学的爸爸是修理汽车的，每次他来接儿子放学，身上都有一股修车房的味道。另一个同学的爸爸在医院工作，身上常常散发着医院的味道。

爸爸的味道，总是离不开他的谋生手段。爸爸老了，那种味道会随风逝去。我们曾否尊重和珍惜爸爸身上的味道？

你爸爸是什么味道的，你是否还记得？

只有您能欣赏我

第一次参加家长会，幼儿园的老师说："您的儿子有多动症，在板凳上连3分钟都坐不了，您最好带他去医院看看。"

回家的路上，儿子问她老师都说了些什么，她鼻子一酸，差点流下眼泪来。因为全班30多位小朋友，唯有他表现最差；唯有对他，老师表现出不屑。

然而她还是告诉她的儿子："老师表扬你了，说宝宝原来在板凳上坐不了1分钟，现在能坐3分钟了。其他的妈妈都非常羡慕妈

妈，因为全班只有宝宝进步了。”

那天晚上，她的儿子破天荒地吃了两碗米饭，并且没有要她喂。

儿子上小学了。家长会上，老师说：“全班50名同学，这次数学考试，你儿子排第四十名，我们怀疑他智力上有障碍，您最好能带他去医院查查。”

回去的路上，她流下了泪。然而，当她回到家里，却对坐在桌前的儿子说：“老师对你充满了信心。他说了，你并不是个笨孩子，只要能细心些，会超过你的同桌，这次你的同桌排在第二十一名。”

说这话时，她发现，儿子黯淡的眼神一下子充满了神采，沮丧的脸也一下子舒展开来。她甚至发现，儿子温顺得让她吃惊，好像长大了许多。第二天上学，儿子去得比平时都要早。

孩子上了初中，又一次家长会。她坐在儿子的座位上，等着老师点她儿子的名字，因为每次家长会议，她儿子的名字总在差生的行列中被点到。然而，这次出乎她的预料，直到结束，都没点到。她有些不习惯。

临别，去问老师，老师告诉她：“按你儿子现在的成绩，考重点高中有点危险。”

她怀着惊喜的心情走出校门，此时她发现儿子正在等她。路上她扶着儿子的肩膀，心里有一种说不出的甜蜜，她告诉儿子："班主任对你非常满意，他说了，只要你努力，很有希望考上重点中学。"

高中毕业了后，她儿子被清华大学录取了。

拿到录取通知书的那天，她的儿子终于抑制不住内心的激动，哭了起来。后来，他哭着说出了那句在心底藏了很久的话："妈妈，我知道我不是个聪明的孩子，但只有您能欣赏我……"

这时，她悲喜交加，再也按捺不住十几年来的泪水，任它打落在手中的信封上。

感恩父母，做一个体贴孝顺的孩子

在人的一生中，父母的关心和爱护是最真挚最无私的，父母的养育之恩是永远也诉说不完的：吮着母亲的乳汁离开襁褓；在甜甜的儿歌声中入睡；在无微不至的关怀中成长……

可以说，父母为养育自己的儿女付出了毕生的心血。这种恩情比天高、比海深，是人世间最伟大的力量。兔妈妈对小兔子的绵延不绝的爱；《飞走的天使》中爸爸用行动向女儿做的解释；《爸爸的味道》里爸爸身上那股为了养活一家人而换来的腥味……

可以说，父母把他们所有的爱都倾注到了我们身上，父母之爱位于人世间各种各样的爱之上。作为子女，我们应该怎样孝敬父母呢？

大爱无言，父母的大爱常在不言之中，我们要在生活中细心体会父母对我们的爱，这样才能真正怀着一颗感恩的心去好好孝敬父母。

《一枚百合花胸针》中的小男孩用半年的辛苦努力，为母亲准备的生日礼物；《最好的圣诞礼物》中小男孩在圣诞节那天，偷偷帮助父亲挤牛奶，给父亲的惊喜。这些小小的举动，就足以让父母为之感动和满足。

作为小学生，要体贴孝敬父母就要做到：生活中，要尊敬父母，对父母有礼貌，不惹父母生气，还要学着关心父母，体贴父母。在学习上，我们要努力学好各门功课，以优秀的学习成绩回报父母。

感恩父母，做一个体贴孝顺的孩子，相信父母会以你为骄傲的！

那一盏灯

8岁那年春节，我执意要父亲给我做一个灯笼。因为在乡下的老家，孩子们有提着灯笼走街串巷熬年的习俗，在我们看来，那是一种过年的乐趣和享受。

父亲说：“行。”

我说：“我不要纸糊的。”

父亲就纳闷：“不要纸糊的，要啥样的？”

我说：“要透亮的。”

其实，我是想要有玻璃罩的那种。腊月二十五那天，我去东山坡上的大军家，大军就拿出他的灯笼给我看。他的灯笼真漂亮，木质的底座上，是四块玻璃拼制成的菱形灯罩，上边似乎还隐约勾画了些细碎的小花。

大军的父亲在供销社站柜台，年前进货的时候，就给大军从遥远的县城买回了这盏漂亮的灯笼。

我知道，父亲是农民，没有钱去买这么高级的灯笼。但我还是想，父亲能给我做一个，只要能透出亮就行。

父亲说："行。"

大约是年三十的早上，我醒得很早。正当我又将迷迷糊糊地睡去时，我突然被屋子里一阵"沙沙沙沙"的声音吸引住了。我努力地睁开眼睛，只见父亲在离炕沿很远的地方，一只手托了块东西，另一只手在里面打磨着。

我又努力地睁了睁眼睛，等我适应了凌晨有些昏暗的光后，才发现父亲正在打磨一块冰，姿势很像是在洗碗。父亲每打磨一阵，就停下，在衣襟上擦干手上的水，把双手捂在脖子上暖和一会儿。

我说："爹，你干啥呢？"

父亲说："醒了？天还早呢，再睡一会儿吧。"

父亲把脸扭了过来，有点尴尬地说："爹四处找玻璃，哪有合适的呢。后来爹就寻思着，给你做个冰灯吧。这不，冰冻了一个晚上，冻得正好哩。"

父亲笑了笑，说完，就又拿起了那块冰，洗碗似的打磨起来。

父亲正在用他的体温融化那块冰呢。

我看着父亲又一次把手放在脖子上取暖的时候，我说：“爹，来这儿暖和暖和吧。”随即，我撩起了自己的被子。

父亲一看我这样，就疾步过来，把我撩起的被子一把按下，又在我的前胸后背把被子使劲掖了掖，并连连说：“我不冷，我不冷，小心冻了你。”

末了，父亲又说：“天还早呢，再睡一会儿吧。”我胡乱地应了一声，把头往被子里一扎，一合眼，两颗豌豆大的泪珠就流进了棉絮里。要知道，刚才父亲给我掖被子的时候，他的手真凉啊！

那一年春节，我提着父亲给我做的冰灯，和大军他们玩得很痛快。伙伴们说这个冰灯做得有意思。后来，没几天，它就化了，化成了一片水。但灯，还在我心里。

种花的邮差

在一个小村庄里有位中年邮差，他从刚满20岁起便开始每天往返50公里的路程，日复一日地将忧欢悲喜的故事，送到居民的家中。

就这样20年一晃而过，人事几番变迁。唯独从邮局到村庄的这条道路，从过去到现在，始终没有一枝半叶，触目所及，只有飞扬的尘土罢了。

“这样荒凉的路还要走多久呢？”

他一想到必须在这无花无树充满尘土的路上，踩着脚踏车度过他的人生时，心中总是有些遗憾。

有一天当他送完信，心事重重地准备回去时，刚好经过了一家花店。

“对了，就是这个！”他走进花店，买了一袋野花的种子。从第二天开始，他每天都带着一些种子撒在往来的路上。

就这样，经过一天，两天，一个月，两个月……他始终持续撒播着野花的种子。

过了一段时间，那条已经来回走了20年的荒凉道路，竟开起了许多各色的小花；夏天开夏天的花，秋天开秋天的花，四季盛开，永不停歇。

种子和花香对于村庄里的人来说，比邮差一辈子送达的任何一封信，都更令他们开心。

在不是充满尘土而是充满花瓣的道路上吹着口哨，踩着脚踏车的邮差，不再是孤独的邮差，也不再是愁苦的邮差了。

第一百个客人

中午高峰时间过去了，原本拥挤的小吃店，客人都已散去。老板正要喘口气翻阅报纸的时候，有人走了进来。那是一位老奶奶和一个小男孩。

“牛肉汤饭一碗要多少钱呢？”奶奶坐下来拿出钱袋数了数钱，叫了一碗汤饭。没过多久，一碗热气腾腾的汤饭就被端上来了。

奶奶将碗推到孙子面前，小男孩吞了吞口水望着奶奶说：“奶奶，您真的吃过午饭了吗？”

“当然了。”奶奶嘴里含着一块萝卜泡菜慢慢地咀嚼。

一眨眼工夫，小男孩就把一碗饭吃了个精光。

老板看到这幅景象，心中不忍。于是，他走到两个人面前说：“老太太，恭喜您，您今天运气真好，是我们的第一百个客人，所以免费。”

之后，过了一个多月的某一天，小男孩蹲在小吃店的对面像

在数着什么东西，使得无意间望向窗外的老板吃了一惊。

原来小男孩每看到一个客人走进店里，就把小石子放进他画的圈圈里，但是午餐时间都快过去了，小石子却连五十个都不到。

心急如焚的老板打电话给所有的老顾客：“很忙吗？没什么事，我要你来吃碗汤饭，今天我请客。”像这样打电话给很多人之后，客人开始一个接一个到来。

“八十一，八十二，八十三……”小男孩数得越来越快了。终于当第九十九个小石子被放进圈圈的那一刻，小男孩匆忙拉着奶奶的手进了小吃店。

“奶奶，这一次换我请客了。”小男孩有些得意地说。真正成为第一百个客人的奶奶，让孙子招待了一碗热腾腾的牛肉汤饭。而小男孩就像之前奶奶一样，含了块萝卜泡菜在口中慢慢地咀嚼着。

“也送一碗给那男孩吧。”老板娘不忍心地说。

“那小男孩现在正在学习不吃东西也会饱的道理哩！”老板笑着回答。

吃得津津有味的奶奶问小孙子：“要不要留一些给你？”

没想到小男孩却拍拍他的小肚子，对奶奶说：“不用了，我很饱，奶奶您看……”

要有一颗感恩的心

一只鹿正在茂密的树林里行走，忽然听见呼救声。鹿朝声音传来的方向跑去，只见一只狼被一棵倒下的树压着，已经奄奄一息了。

鹿问："亲爱的狼，你这是怎么啦？"

"别问了，快用你的角把树抬起来，让我爬出来吧！"狼连忙说。

"我不知道是否抬得动它！"鹿说。它试着用角去抬树，费了好大的力气才把树抬起来。

狼从树下爬出来，先查看是否伤了皮骨，接着它高兴地跳起来，对鹿说："朋友，谢谢你救了我。不过，现在我要吃掉你！"

"什么？"鹿吓了一跳，说，"难道你不知道羞耻吗？我救了你的命，你反而要吃我。"

"是的，你救了我的命，我很感谢你。但是，现在我饿了，所以得吃掉你。"

它们争论了很长时间，最后决定请熊来评理。它们到了熊那

儿，把事情的经过详细地告诉了熊。

熊想了一下，对鹿说："你救了狼的命，它反而要吃掉你，狼是不对的。但是从另一方面来说，狼也是有理的，因为它饿了，才要吃掉你。这样吧，让我到树那儿，看看你是怎么救它的，然后我再来裁决。"

鹿和狼都同意了，大家一起来到那棵倒了的树旁。鹿用尽力气把树抬起来，把狼重新压到树下。

这时，熊对鹿说："现在你用角把树抬起来，让狼从树下爬出来。"

熊接着说："你要是已经没有力气去抬树了，那就别抬了。

但是，这种情况让我怎么裁决呢？我是没办法了。”说完，熊走了。

“确实是没办法了。”鹿说完，也走了。

狼一直被压在树下，最后终于被压死了。

滴水之恩当涌泉相报。如果受人之恩不能给予回报，以至于恩将仇报，必然不会赢得他人的善待，最终会自取灭亡。

小孩的心

有一位单身女子刚搬了家。没过多久，她就发现隔壁住了一户穷人家，整个家里只有一个寡妇与两个小孩子。他们的日子过得非常艰难。

有天晚上，他们住的那一带忽然停了电。那位女子暗自庆幸，因为她怕会出现突然停电的状况，所以就事先准备了几根蜡烛。

正当她拿出蜡烛，准备点燃的时候，忽然听到有人在敲她家

的门。“这么晚了，还停了电，谁会在这时候来呢？”她一边在心里嘀咕，一边去开门。

她打开门一看，原来是隔壁邻居家的小孩子。只见他紧张地问：“阿姨，请问你家有蜡烛吗？”

女子心想：“他们家竟穷到连蜡烛都没有吗？千万别借他们，免得被他们依赖了！”

于是，她对孩子没好气地说了一声：“没有！”说完，就准备关门回屋去。

这时，那个小孩绽开关爱的笑容说：“我就知道你家一定没有！”

说完，他竟从怀里拿出两根蜡烛递给女子，说：“停电了，妈妈怕你一个人住没有蜡烛，所以就叫我来给你送两根蜡烛用。”此刻女子自责、感动得热泪盈眶，将那小孩子紧紧地拥在怀里……

视而不见的亲情

那天晚上，佳芬跟妈妈吵架之后什么都没带，就赌气跑了出来。

可是，走了一段路，佳芬发现，她身上竟然一毛钱都没带！她走着走着肚子饿了，看到前面有个面摊；香喷喷的，好想吃！可是，她没钱。

过了一会儿，面摊老板看到佳芬还站在那边没动，就问：“小姐，请问你是不是要吃面？”

“可是，可是我忘了带钱。”佳芬不好意思地回答。

面摊老板热心地说：“没关系，我可以请你吃呀！来，我下碗牛肉面给你吃！”

不久，老板端来面和一碟小菜。佳芬吃了几口，竟然掉下眼泪来。

“小姐，你怎么了？”老板问。

“没有啊，我只是很感激！”佳芬擦着泪水，对老板说道，“我们又不认识，只不过在路上看到我，你就对我这么好，愿意煮面给我吃！可是……我自己的妈妈，我跟她吵架，她竟然把我赶出来，还叫我不要再回去！你是陌生人都能对我这么好，而我自己的妈妈，竟然对我这么绝情！”

老板听了，委婉地说道：“小姐，你怎么会这样想呢！你想想看，我不过煮一碗面给你吃，你就这么感激我；那你自己的妈妈，煮了这么多年的面给你吃，你怎么不感激她呢？你怎么还要跟她吵架？”

佳芬一听，整个人愣住了！是呀，陌生人请吃一碗面，我都那么感激，而我妈一个人辛苦地养育我，我怎么没有感激她呢？而且，只为了件小事，就和她大吵一架。

匆匆吃完面，佳芬鼓起勇气，往家的方向走。她好想真心地

对妈妈说："妈，对不起，我错了！"

走到家巷口，佳芬看到疲惫、着急的母亲，正在四处张望……看到佳芬时，妈妈就先开口说："阿芬呀，赶快回去吧！我饭都已经煮好，你再不赶快回去吃，菜都凉了！"

此时，佳芬的眼泪又不争气地掉了下来。

有时候，我们会对别人给予的小惠"感激不尽"，却对亲人、父母一辈子的恩情"视而不见"！

一朵玫瑰花

有位绅士在花店门口停了车，他打算向花店订一束花，请他们送去给远在故乡的母亲。

绅士正要走进店门时，发现有个小女孩坐在路边哭，绅士走到小女孩面前问她说：

“孩子，为什么坐在这里哭？”

“我想买一朵玫瑰花送给妈妈，可是我的钱不够。”孩子说。绅士听了感到心疼。

“这样啊……”于是绅士牵着小女孩的手走进花店，先订了要送给母亲的花束，然后给小女孩买了一朵玫瑰花。

走出花店时，绅士向小女孩提议，要开车送她回家。

“真的要送我回家吗？”

“当然啊！”

“那你送我去妈妈那里好了。可是叔叔，我妈妈住的地方，离这里很远。”

“早知道就不载你了。”绅士开玩笑地说。

绅士照小女孩说的一直开了过去，没想到走出市区大马路之后，随着蜿蜒曲折的山路前行了一段时间后，竟然来到了一个墓园。

小女孩把花放在一座新坟旁边，她为了给一个月前刚过世的母亲献上一朵玫瑰花，而走了一大段远路。

绅士将小女孩送回家中，然后再度折返花店。他取消了要寄给母亲的花束，而改买了一大束鲜花，直奔离这里有五个小时车程的母亲家中，他要亲自将花献给妈妈。

我还有一颗感恩的心

“我的手指还能活动；我的大脑还能思维； 我有终生追求的理想；我有爱我的和我爱着的亲人与朋友。”

“霍金先生，卢伽雷病已经将你永久固定在轮椅上，你不认为命运让你失去很多的出路吗？”在一次学术报告后，一名记者对数学大师提出这样的问题。

大师的脸上充满微笑，用他还能活动的三根手指，艰难地叩击键盘后，显示屏上出现了上面的四段文字。

三根手指和一个能思维的大脑是霍金身上唯一能动的部件。

这个人生的斗士，这个智慧的英雄，除了他超人的意志之外还靠什么？靠的是爱，还是高科技？

没有爱他的人的照顾，卢伽雷病是不会让他活到今天的，也许他在生病之初就与世长辞了。

奥斯特洛夫斯基全身不能动弹，但可以说话，才得以口述完成他的巨著；我国史学大师陈寅恪的巨著《柳如是别传》和著名哲学家冯友兰的巨著《中国哲学史新编》，也都是著者在双目失明或双目视物不清的情况下全凭口述而“写”出来的。

可霍金只有三根能微弱活动的手指和一双不会说话的眼睛。没有计算机，他怎么去表达他的思想；还能将他的智慧发挥出来吗？没有发达的医学，他仅仅能活动的三根手指如何总能动弹？没有强大的经济支持，他微弱的三根手指又如何能产生伟大的学问？

成功的喜悦，胜利的光环，常常会令人忘乎所以，但是，我们永远不应该忘记那些帮助过自己的人。

所以，这个如今完全可以骄傲地面对人生的人，在回答完那位记者的提问后，又艰难地打出了第五句话：“对了，我还有一颗感恩的心！”

上帝的谈话

约翰是一个小偷。一天，他在镇上的酒馆里喝酒，正巧碰到了他的朋友比尔——一个不久前从监狱里放出来的盗窃犯。两人先是拥抱了一阵，然后一起喝酒、促膝交谈。

比尔告诉他，在小镇教堂对面的那条街的中间，有一户人家，家中有几万美元的现金。他问约翰："我的朋友，你敢不敢去？"

约翰轻蔑地笑了，回答道："为什么不？"

"可是这户人家养了一条十分凶恶的狼狗。"比尔提醒道。

"这不是问题，我的朋友。"约翰很自信地回答道。

第二天晚上，约翰就带上了他的宝贝——万能箱，朝街心走去。

令约翰感到惊奇的是，这里整条街都是漆黑的，只有街心有户人家亮了门灯，而这家就是他要找的那户人家。

他先把安眠药涂在肉上，扔在了狗的面前，不一会儿，狗便倒下去了。接着他熟练地打开了内室的门。

外屋里的人还没有睡，但这并不影响约翰的工作。凭着过硬的技术，他很快拿到了钱，确确实实是几万美元。

他很奇怪，家中有这么多钱，可这户人家的防盗措施竟然这么差。

这引起了他的兴趣，他把耳朵“伸”到了外屋门边，想一探究竟。

“我说，老头子，咱们是不是该花钱请个保姆啊！咱俩的眼睛都瞎了，总这样过下去，也不是个办法啊！”屋子里传出一个苍老女人的声音。

约翰的心里一惊：既然是瞎子，又为何整夜亮着门灯？

“是啊！老婆子，应该这样。可是，咱们现在的日子都不好过了，哪来的钱请保姆呢？”一个老头子紧跟着回答。

“儿子空难后，航空公司不是赔了几万美金吗？”

“你疯啦老婆子，我们不是说好用这些钱给镇子里的孤儿们盖一栋房子吗？”

约翰的心头一震。

“是啊！你看我这记性，老喽，不中用了。可是，咱们也得省点儿钱啊！门口的灯整夜亮着，很耗电啊！”

“没关系，只要别人在这条街上不摸黑走路就行了。还有咱们的‘儿子’克拉尔，虽然它每天都要啃骨头，但只要咱们每天多糊两个小时的纸盒就行了。有了克拉尔，就不用担心这条街有盗贼了啊！”

“是啊！早知道今天这样，还不如当初多养一个儿子呢！”老妇人抱怨道。

“别说了，咱们还有

这么多纸盒要糊，快干活吧！”老头子催促道。

当晚，约翰坐在门口流了一夜的泪。他也是孤儿，从小就被人领养，但他不服新爸爸的管教，一怒之下偷跑出来才干上这一行的。

第二天，老夫妇在门口发现了两样东西，一样是他们的几万美金，另一样则是一个很小巧、很别致的万能箱。

从此，这个小镇上再也没有人看见过约翰了，没有人知道他去了哪里。

谢谢你，我的对手

在日本北海道，出产一种沙丁鱼，味道珍奇无比，许多渔民都以捕捞沙丁鱼为生。

可是沙丁鱼的生命却很脆弱，只要一离开深海区，用不了半天就会死亡。渔民们想尽各种办法处置捕捞到的沙丁鱼，结果上岸后的沙丁鱼依旧“死气沉沉”。

奇怪的是，有一位老渔民天天捕捞沙丁鱼，返回岸边后，他的沙丁鱼总是活蹦乱跳的。

由于鲜活的沙丁鱼价格要比死亡的沙丁鱼价格高出一倍以上，所以没几年的工夫，老渔民便成了远近闻名的富翁。而周围的渔民尽管操持着同样的营生，却只能勉强维持温饱而已。

老渔民在临终之时，把秘诀传给了儿子。原来，老渔民使沙丁鱼不死的秘诀，仅仅是在船舱的沙丁鱼中，放进几条叫鲶鱼的杂鱼。

要知道，沙丁鱼与鲶鱼非但不是同类，还是出名的死对头。几条势单力薄的鲶鱼遇到很多对手，便惊慌地在沙丁鱼堆里四处逃窜，这样一来，反倒把一船舱死气沉沉的沙丁鱼全给激活了。

老渔民简单的一招，并不在人们的习惯性思维之内，鲶鱼的存在意外地激活了沙丁鱼，其实自然界中存在的这种现象，在人与人之间何尝不是如此呢？！

在工作和学习中正是因为有了对手的存在，我们才不得不在压力中超越自己。所以，让我们由衷地说一声："谢谢你，我的对手！"

轻轻告诉你

感恩对手，做一个敢于超越的人

生活中，常听人们抱怨：“对手太强大了，真恨不得他马上消失。”难道生活中的对手一点都不好吗？不，绝对不是这样。对我们来说，对手是一种帮助，一种挑战，能激发我们战胜自我的渴望。

众所周知，狼和鹿是捕食关系，人们曾经为了保护鹿这种濒临绝种的动物，采取了杀死狼保护鹿的措施。然而，在狼几乎被杀光时，预期的效果并没有出现，鹿的数量反而骤降。后来，人们又把鹿的天敌——狼请了回来，结果鹿的数量逐年增加，原因就是狼使鹿变得更加强壮。鹿为了生存，不断完善自己，与狼互相促进，共同生存。

《谢谢你，我的对手》中，老渔民捕到的沙丁鱼之所以能活下来，是因为它们的天敌激活了它们的活性，使它们能坚持到最后。对沙丁鱼来说，它们的天敌是它们的对手，是一种挑战，但正是天敌才让它们活了下来。在现实生活中，也正是有像天敌一样的对手，才使得我们更加强壮，奋勇向前。

在人生的不同时期，如果我们都能遇到强大的对手，应该也是人生的一桩幸事。比如，在我们的学习中，你对比你成绩优秀的同学不是畏惧和嫉妒，而是将他视为对手，暗下决心超越他，那么你的成绩势必会比他的更为出众。

让我们感谢对手，感谢他们给我们带来挑战和帮助，感谢他们给我们挑战自我的勇气。

居里夫人和她的老师

欧班女士是一位老师。一天，她收到一封信，寄信人是“玛丽·居里”。居里夫人是举世闻名的科学家，怎么会给一个普通教师写信呢？她简直难以相信。

她拆开信读了起来，读着读着，泪水涌出了眼眶，原来写信人是她20年前的学生小玛丽。

在信中，居里夫人向欧班老师深表敬意，还寄来了往返的路费，请她去做客。

久别的师生见面了，居里夫人在家里接待了自己少年时代的老师。她亲自下厨房做菜，向老师敬酒。

后来有一次，居里夫人回国参加一个开幕式。这天，许多著名人物都簇拥在居里夫人周围，他们中有国家领导人，有著名科学家，还有居里夫人的亲友。

就在大会快要开始的时候，居里夫人忽然从主席台上走了下来，穿过捧着鲜花的人群，来到一位坐在轮椅上的老年妇女面前。

居里夫人深情地吻了她，推着她的轮椅向主席台走去。回到台上，居里夫人向大家介绍，这位老人就是自己中学时代的欧班老师。

会场里的人见到这情景，都向她们鼓起掌来。老人的脸上挂满了激动的泪水，她的学生成为世界名人之后，对她还是那样热爱，那样尊敬。

弗西姆和她的金鱼

在波斯里亚的一个小村庄里，住着一个叫弗西姆的妇人，她有两个可爱的儿子和一个善良的丈夫。她的丈夫在奥地利工作，有一天，丈夫从奥地利带回两条金鱼，养在鱼缸里。

不久，波斯尼亚战争爆发了，弗西姆的丈夫为国家献出了生命，而战争也毁灭了他们的家园。弗西姆只好带着孩子到他乡逃难。

临行前，弗西姆并没有忘记那两条金鱼，因为那也是两条生命啊，而且还是丈夫给自己和孩子们的礼物。她把金鱼轻轻地放入一个小水坑里，然后出发了。

几年后战争结束了，弗西姆和孩子们重返家园。而家乡仍是一片废墟，弗西姆不知道怎么样才能使自己的家重现生机。

忽然，她发现在曾经放过金鱼的水坑里，浮动着点点金光，原来是群可爱的小金鱼。它们一定是那两条金鱼的后代。

弗西姆突然间看到了希望，她像看到了丈夫的鼓励。她和孩子们精心饲养起那些金鱼来，她相信，生活会像金鱼一样，越来越好。

弗西姆和她的金鱼的故事逐渐流传开来。人们从各地赶来，观赏这些金鱼，当然，走的时候也不会忘记买上两条带回家。也许，那金鱼象征着希望。没用多长时间，弗西姆和孩子们就凭着卖金鱼的收入，过上了幸福的生活。

从这则故事里，我们看到弗西姆有一颗多么善良的心，哪怕只是两条金鱼，她也不放弃拯救它们的机会。

生活中，只要你拥有一颗爱心，并且让它在你心里长存，那么爱心不管在哪里开花，终究有一天会在那里结下果实。

羊羔跪乳

很早以前，一只母羊生了一只小羊羔。

羊妈妈非常疼爱小羊，晚上睡觉就让小羊依偎在自己身边，用身体暖着小羊，让小羊睡得又熟又香。

白天吃草时，羊妈妈又把小羊带在身边，形影不离。遇到别的动物欺负小羊，它总是用头抵抗来保护小羊。

一次，羊妈妈正在喂小羊吃奶。一只母鸡走过来，对它说：“羊妈妈，近来你瘦了很多。吃的东西都让小羊咂了去，弄得自己身体里一点营养都没有了。你看我，从来不管小鸡们的吃喝，全由它们自己去找食哩。”

羊妈妈听了母鸡的话，非常生气，故意说了几句不客气的话。母鸡自觉无趣，赶紧走开了。

气走母鸡后，小羊对羊妈妈说：“妈妈，您对我这样疼爱，我怎样才能报答您的养育之恩呢？”

羊妈妈却说：“我什么也不要你报答，只要你有这一片孝心就行，我就已经满足了。”

小羊听后，不觉下泪，“扑通”一声跪倒在地，表达自己难以报答慈母的一片深情的愧疚。

从此，小羊每次吃奶都是跪着。它知道是妈妈用奶水喂大它的，跪着吃奶是感激妈妈的哺乳之恩。这就是“羊羔跪乳”的故事。

感恩的狮子

从前，有一只狮子在丛林中迷了路，正当它徘徊的时候，一根长刺扎进了它的爪子。由于没能拔出这根刺，过了不久，爪子化了脓，狮子十分痛苦。

游荡了很久之后，狮子遇到了一个牧人。它摆动着它的尾巴，走上前去，把那只爪子伸了出来。牧人被吓坏了，急忙牵来他的羊想哄住狮子。

可是这只狮子并不需要食物，而是想要牧人帮它治疗它的爪子。因此，它把爪子放到牧人的膝头。见到那个化脓的伤口，牧人便从口袋里掏出一把锋利的刀，切开脓肿，取出了棘刺。

狮子解除了疼痛，感激地舔舔牧人的手，然后跟他待了一会儿，直到爪子感觉完全好了，才起身走了。

过了一段时间，狮子被捕住并被送往竞技场。在那里，犯人将被扔到它的面前，任它处置。而牧人尽管无辜，没犯任何罪，却被判处了死刑——将被扔到竞技场里一只野兽的面前。

那只狮子刚被放进竞技场，牧人也被赶了进来。那猛兽狂怒地扑向它的猎物，然而，当它认出牧人的时候，就跑到他的面前，舔起他的手来。然后，它抬起头，向着观众大吼了一声，接着平静地坐在它的朋友的身边。

直到这个时候，牧人才认出，这就是很久以前他在森林中帮助过的那只狮子。突然，竞技场里又放进了两只狮子。可是牧人的朋友拒绝离开他，并且轰走了另外两只狮子。

牧人对捕捉狮子的人讲了这件怪事的原因，前来观看竞技的观众要求赦免牧人，并且恢复狮子的自由。就这样，狮子返回了丛林，牧人也返回了家园。

小松鼠的感恩之心

有一回，一只在河边饮水的小松鼠，由于一时大意滑到河里去了。于是它在河里拼命挣扎，大声呼救。

这时正好有只猴子路过这里，看见小松鼠在河里挣扎求生，就捡起一根树枝，丢给了小松鼠。小松鼠就这样得救了。

贪玩的猴子早就忘了这件事，但小松鼠心存感激，对此念念不忘，一直想要报答猴子。于是，它就把自己的家搬到离猴子很近的一棵树上。

有一天，猴子蹲在树枝上休息，被一个猎人发现了。猎人用猎枪瞄准猴子，正准备射击。

就在这千钧一发的时刻，小松鼠飞快地扑到猎人身上，在他手臂上狠狠地咬了一口，猎人疼得惨叫一声，子弹打偏了。

对小松鼠如此舍命相救的举动，猴子非常感激。它专门向小松鼠道谢，松鼠却说："要不是您在河边救了我，我早就被河水淹死了，我这辈子都不知道怎么谢您才好呢！"

又有一天，猴子在一个农家菜园里寻找吃的东西，不小心被菜园的主人做的陷阱扣住了，它大声呼救。小松鼠听见了，就把所有的同伴都叫来。大家齐心合力把陷阱咬开一个口把猴子救了出来。

猴子再度向小松鼠道谢，说："您救了我的命，我这辈子不知道怎么谢您呢！"

猴子到处宣扬松鼠的古道热肠，它说："小松鼠的身体虽小，但它的感恩之心却是身体的千倍万倍！"

我们都要有一颗感恩的心，感谢别人的帮助。滴水之恩当涌泉相报。

一杯牛奶

很多年前的下午，一个贫困的小男孩，为了攒够学费不得不挨家挨户地推销商品。

炎热的夏日，焦灼的阳光烘烤着这座城市。当人们都躲到屋子里面寻找一丝凉爽的时候，这个男孩却在为自己的学费奔波。

从早上到晚上，他所遇到的人，对他的商品没有感兴趣的。傍晚，他所推销的商品竟然一件也没卖出去。

劳累了一整天的男孩蹲在路边，一筹莫展。他已经整整一天没吃上一顿饭，也没喝上一口水了。但他知道，一定要挣钱，一定要坚持下去，这样自己才有出路。

可是，饥肠辘辘的他，始终承受不住饥饿带给他的乏力。想了很久，他终于决定向下一户人家讨口饭吃。

在要敲门的时候，男孩却犹豫了，伸到门边的手又缩了回来。正在这时，一位美丽的女孩打开了房门。见此情景，男孩却有点不知所措了，他的表情很尴尬。

他心想，一定要坚强一点，不能让这个女孩看到自己的窘迫。倔强的他没有开口要饭，而是很有礼貌地问："可以让我喝口水吗？"

这位女孩看到他饥饿的样子，猜他肯定是饿了。于是，她跑进家中，拿来满满一大杯牛奶，递到了男孩子的手上。

男孩愣住了，看到那位女孩安慰的眼神和甜甜的微笑，于是他慢慢地喝完牛奶，问道："我应该付多少钱？"

女孩朝她微微一笑，回答道：“不用付钱。妈妈说，付出一份爱心，是不需要回报的。”

男孩子听了，很感激地说：“那么，就请接受我由衷的感谢吧！”说完，男孩子转身离开了。

本来，在推销商品的这一天，男孩已经下定决心要退学了。可是，这满满的一杯牛奶和那位女孩的微笑，却让他放弃了退学的念头。他不断鼓励自己说，加油，你会成功的。

许多年以后，当初的那位女孩不幸得了一种罕见的重病，每天都生活在难以忍受的痛苦之中，而当地的医生们对此束手无策。后来，她被转到了一座大城市医治，并且由专家会诊治疗。

而当年那个贫穷的小男孩，如今已成了大名鼎鼎的霍华德·凯利医生了。他也参与了这个医治方案的制定。当他看到病历上所写的病人的住址时，多年前的场景瞬间在脑海里闪过。他立即起身直奔病房。在病房里，凯利医生一眼就认出床上躺着的病人就是那位曾经帮助过他的恩人。

从那天起，他就格外地关照这个病人，想方设法减轻她的痛苦和心理负担，并且还彻夜不眠地对有关资料进行研究，希望从中找到更好的治疗办法。

手术方案终于确定下来，可是，手术的费用却是常人无法承受的，那位年轻的女子有些不知所措，她知道，自己所拥有的所有财产都会花费在这场生死攸关的手术上。凯利医生耐心地劝她，最终让她摒弃了所有杂念。

经过凯利医生的艰苦努力，手术成功了。凯利医生要求把病人的医药费通知单送给他，并在通知单的旁边签了字。当医药费通知单送到病人手边的时候，她不敢看。

最后，她还是鼓起勇气，轻轻地翻开了医药费通知单，旁边的那行小字引起了她的注意。她不禁轻声读了出来：“医药费已付：一杯牛奶。”签名是霍华德·凯利。

读着读着，喜悦的泪水溢出了她的眼睛。她仿佛看到了多年以前，那个炎热的下午，一个贫穷的小男孩和他那颗念念不忘的感恩的心。

感恩的老鼠

一只老鼠在觅食的时候，不小心掉进了一只桶里，怎么使劲也爬不出来了。

老鼠吱吱地叫着，希望有人能来救它，可是谁也没有听见。可怜的老鼠心想：这下可完了，没有人来救我，这只桶大概就是我的坟墓了。

正在这时，一只大象经过桶边，用鼻子把老鼠吊了出来。

“谢谢你，大象。你救了我的命，我希望能报答你。”老鼠感激地说。

大象笑着说：“你准备怎么报答我呢？你不过是一只小小的老鼠。”

过了一些日子，大象不幸被猎人捉住了。猎人们用绳子把大象捆了起来，准备等天亮后运走。

大象十分伤心地躺在地上，无论它怎么挣扎，也无法把绳子扯断。

就在大象心灰意冷的时候，突然，一只小老鼠出现了。它开始用牙齿拼命地咬着绳子。终于在天亮前咬断了绳子，为大象松了绑。

大象得救了，它非常高兴，也非常感激这只救了它的小老鼠，说："要不是你救了我，我可能已经被猎人带走了，永远也得不到自由了。"

这时，小老鼠却说："你也救过我的命，我一直都想找机会报答你。能在你遇到困难的时候帮助你，我很高兴。"

大象一下子明白了那只被它从一个桶里吊出来的小老鼠，就是现在救它的小老鼠。它也想起了当初对小老鼠说过的话，心里非常惭愧。

从此，大象和这只小老鼠成为了非常好的朋友。

感恩节的礼物

多年前一个感恩节的早上，有一家人却极不愿醒来，他们不知道如何以感恩的心过这一天。由于他们实在是穷得可怜，感恩节的“大餐”想都别想，能有点简单的食物吃就不错了。

早先若是能跟当地慈善团体联络，或许就能分得一对火鸡及烹烤的佐料，可是他们没有这么做，为什么呢？就跟其他不少家庭一样，要有骨气，是怎么样就怎么过这个节。

“贫贱夫妻百事哀”，没多久这对夫妇就争吵起来。随着双方越来越烈的火气和咆哮，看在这个家庭最长的孩子眼里，只觉得自己是那么无奈和无助。然而命运就在此刻改观了……

沉重的敲门声在耳边响起，男孩前往应门，一个高大男人赫然出现在眼前。这人穿着一身皱巴巴的衣服，满脸的笑容，手里提着一个大篮子，里头满是各种食物：一对火鸡、塞在里面的配料、厚饼、甜薯及各式罐头等，全是感恩节大餐里必不可少的。

这家人一时都愣住了，不知道是怎么一回事。门口的那人随

之开口道："这些东西是一位知道你们有需要的人要我送来的，他希望你们知道还是有人在关怀和爱你们的。"

起初，这个家庭中的爸爸还极力推辞，不肯接受这份礼物，可是那人却这么说："得了，我也只不过是个跑腿的。"带着微笑，他把篮子搁在小男孩的臂弯里转身离去，身后飘来了一句话："感恩节快乐！"

就是那一刻，小男孩的生命从此就不一样了。固然只是那么小小的一个关怀，却让他明白人生始终存在着希望，随时有人——即使是个"陌生人"——在关怀着他们。在他的内心深处，油然升起一股感恩之情，他发誓日后也要以同样的方式去帮助其他有需要

的人。

到了18岁时，他终于有能力来兑现当年的许诺。固然收入还很微薄，在感恩节里他还是买了不少食物，不是为了自己过节，而是去送给两户极为需要的家庭。

他穿着一条老旧的牛仔裤和一件T恤，假装是个送货员，开着自己的那辆破车亲自送去。当他到达第一户破旧的住所时，前来应门的是位妇女。她带着提防的眼神看着他。她有6个孩子，数天前丈夫抛下他们不告而别，家里马上就要揭不开锅了。

这位年轻人开口说道："我是来送货的，女士。"随之他便回转身，从车里拿出装满了食品的袋子及盒子，里头有一双火鸡、配料、厚饼、甜薯及各式的罐头。见此，那个女人一下子呆住了，而孩子们却发出了兴奋的欢呼声。

这位年轻妈妈愣了一会儿后，激动地说："你一定是上帝派来的！"年轻人有些忸怩地说："噢，不，我只是个送货的，是一位朋友要我送来这些东西的。”随之，他便交给妇女一张字条，上头这么写着：“我是你们的一位朋友，愿你一家都能过个快乐的感恩节，也希望你们知道有人在默默地爱着你们。今后你们若是有能力，就请同样把这样的礼物转送给其他有需要的人。”

年轻人把一袋袋的食物不停地搬进屋子，使得这个家庭的兴奋、快乐和温馨之情达到最高点。当他离去时，那种人与人之间的亲密之情，让他不觉热泪盈眶。回首瞥见那个家庭的张张笑脸，他对自己能有余力帮助他们而心怀感激。

传递爱和希望

一个男人为给妻子看病，已经欠下了许多钱。由于实在交不起住院费，这一天，男人为妻子办理了出院手续。简单地收拾了一下行囊之后，他搀扶着依旧病重的妻子无奈地往农村老家赶。

在汽车上，他们碰到了一位好心人。这位好心人听说了男人

和他妻子的情况之后，说他恰巧在一家慈善基金会工作，并说要试着想想办法帮他们一把。

果然，没过多久，男人就收到了这位好心人寄来的2000元钱，妻子又重新住进了医院，夫妻俩非常感激。之后，每当他们感觉到住院费所剩无几的时候，他们都会收到那位好心人寄来的钱款。这雪中送炭般的帮助，让夫妻俩的心里暖融融的。

除了交医院的费用之外，夫妻俩省吃俭用。他们在心底里一遍一遍叮嘱自己，这些钱来自许许多多双爱心人士之手，也许这些人也不容易，怎能乱花呢！

春天，雪融花开的时候，妻子的病终于好了。在将近两个月的治疗时间里，他们一共收到那位好心人寄来的钱款14000元。夫妻俩决定去拜谢这位好心人，以及那家给了他们那么多帮助的慈善基金会。

然而，当他们风尘仆仆地赶到那座城市后，才知道那位好心人并没有在什么基金会工作。他在郊外经营着一家小工厂，而那14000元钱全部是他个人拿出来捐给这对夫妻的。

这件事很快引起了当地媒体的注意，电视台的记者第一时间赶往郊外去采访这位有爱心的人。记者问，你为什么要去帮助一对与你素昧平生的夫妻呢？

他笑了笑说，也没有别的，那次在出差的车上，我看他们实在困难，就决定帮他们一把。

记者又问，那你为什么不从一开始就告诉他们，这钱是你一个人拿出来的呢？这次，他没有直接回答记者的问题，而是讲了一个他自己的故事。

我小的时候，记得有一年，家里穷得实在没有米下锅了。就在父母为这件事情发愁的时候，村支书给我家背来了一袋米。支书说，这是上级发下来的救济米，谁都知道你们家四世同堂，人口多，粮食肯定不够吃，也许这袋米正用得上。结果，就是这么一袋米，让我们家渡过了最困难的时期。过了几年，日子开始好过了，父母才从村支书的媳妇口中得知，其实那一袋米并不是救济米，而是支书从他家所剩不多的粮食中匀出来的……

讲完后，他对记者说，这件事对我的影响很大。我从村支书那里学会了爱，也学会了如何去爱。

记者并不甘心，又问了他最后一个问题，这个问题似乎更加直接和尖锐：既然你要帮助他们，为什么不把捐助的钱一下子都给他们呢？

面对着记者问的这个问题，他笑了，随后又点了点头，有所感触地说，把所需要的钱一下子给了他们，也并不是不可以，但如

果是那样的话，这夫妻俩所得到的，只是看病的钱，而我这样做的最终目的，是想让他们感受到，他们总能得到不尽的爱和希望。

最后他说，对于身陷困境的人来说，他们所需要的并不是慷慨的怜悯，而是生生不息的爱和希望啊！

懂得感恩

一天早晨，在洛杉矶郊县一所旅馆的餐厅里，有3个黑人孩子在餐桌上埋头写着什么。

经理非常好奇，走过去问他们："你们在写什么呢？"

老大满脸幸福地回答说："我们正在写感谢信呢。"

他那理所当然的神情让经理满脸疑惑。

经理愣了一阵后，追问道："是写给谁的感谢信？"

"写给妈妈的。"老大说。

经理心中的疑团一个未解一个又生。"为什么？"经理又问道。

"我们每天都写，这是我们每日必做的功课。"孩子们高兴地回答。

哪有每天都写感谢信的？真是不可思议！经理凑过去看了一眼他们每人手下的那沓纸。

老大在纸上写了八九行字，妹妹写了五六行，小弟弟写得最慢，才只写了两三行。

再仔细一看其中的内容，却都是诸如"路边的野花开得真漂亮"、"昨天吃的比萨饼很香"、"昨天妈妈给我讲了一个很有意思的故事"之类的简单句。

经理心头一震，不禁被这几个孩子的行为感动。他们还不知道什么叫大恩大德，只知道对于每一件美好的事物都应心存感激。因此，上帝安排了幸福与他们同行。

学会感恩，做一个懂得感恩的人

有人说，感恩是学会做人的支点。感恩之心，是一种美好的感情，是对世间所有人、所有事给予自己帮助的感激之情，也是一个正直的人起码的品德。

“感恩”不一定是感谢别人的大恩大德，感恩的关键在于回报。回报就是对哺育、培养、教导、指引、帮助、支持乃至救护自己的人心存感激，并通过自己十倍、百倍的付出，用实际行动予以报答。

小羊羔用“跪乳”的方式，表达自己难以报答慈母的愧疚之情；居里夫人成为举世闻名的科学家之后，仍然不忘感激和尊敬自己的中学老师……这些就是对“回报”的最好诠释。

感恩是一种有礼貌的表现。有人帮助了我们，我们随口说声“谢谢”，可能会给帮助我们的人的心里带来温暖。《一杯牛奶》中的小男孩对那个善良的小女孩的帮助，非常礼貌地表达了自己的谢意，让我们对他的身处困境仍不忘礼貌而感动；《懂得感恩》中的3个孩子对生活中的点点滴滴的感恩之心，也让我们感动，并值得我们去学习。怀着一颗感恩的心，说声“谢谢”，不仅是知恩图报，更是一种有礼貌的品质。

懂得感恩是获得幸福的源泉。在生活中，如果我们每个人都不忘感恩，人与人之间的关系会变得更加和谐，更加亲切。我们自身也会因为这种感恩心理的存在，而变得更加健康和愉快！